廉洁文化研究

（第二辑）

孟利琴　王友良　宋桂友　主编

中国书籍出版社
China Book Press

图书在版编目（CIP）数据

廉洁文化研究. 第二辑 / 孟利琴，王友良，宋桂友主编. --北京：中国书籍出版社，2024.4
ISBN 978-7-5068-9838-6

Ⅰ.①廉… Ⅱ.①孟… ②王… Ⅲ.①廉政建设－研究－中国 Ⅳ.①D630.9

中国国家版本馆CIP数据核字(2024)第079949号

廉洁文化研究（第二辑）

孟利琴　王友良　宋桂友　主编

策划编辑	毕　磊
责任编辑	毕　磊
责任印制	孙马飞　马　芝
封面设计	魏大庆
出版发行	中国书籍出版社
社　　址	北京市丰台区三路居路97号（邮编：100073）
电　　话	（010）52257143（总编室）　（010）52257153（发行部）
电子信箱	chinabp@vip.sina.com
经　　销	全国新华书店
印　　刷	河北赛文印刷有限公司
开　　本	710×1000毫米　1/16
字　　数	124千字
印　　张	8.5
版　　次	2024年4月第1版　2024年4月第1次印刷
书　　号	ISBN 978-7-5068-9838-6
定　　价	69.80元

版权所有　翻印必究

目 录

一 廉洁文化新论

廉洁文化与基层权力监督体系建设：基于责任性理论的框架分析
……………………………………………………… 金立 李辉 3

井冈山斗争时期红色廉洁文化对新时代廉洁文化建设的启示及实践路径探析
……………………………………………………… 朱利兵 李豪 15

二 廉洁教育

审计文化视角下高校廉洁文化建设路径探析 ……… 陈晓斌 陈权 33
发挥高校作用协同推进廉洁文化建设的苏州实践与思考 ………… 苏纪言 45
铸就年轻干部成长之路可从"学史鉴今"起步
——以苏州知府况钟"乐为、敢为、善为、有为"的史实为例
……………………………………………………………… 庄剑英 56

三 家风家训

家风教育在"清廉高校"建设中的实践探索
——以苏州工业职业技术学院为例 ……………………… 魏影 65

社会主义核心价值观融入新时代清廉家风建设路径探析
....于佳　李梦灵 75

四　廉吏研究

况钟不同历史形象的形成和原因以及对当代况钟形象建构的思考
....陆锋明 91
恪勤尽职 廉正自守
　　——江苏巡抚陶澍与苏州 ....施伟萍 105
况钟教化思想中的廉而有为要素研究 ....杨德兴　杨悦艺 113

一 廉洁文化新论

廉洁文化与基层权力监督体系建设：
基于责任性理论的框架分析

金立[①]　李辉[②]

【内容摘要】 在加强基层治理现代化的总体要求下，我国农村基层腐败治理面临着治标与治本的结合。基层权力监督体系的良好运行离不开风清气正的廉洁文化。目前，我国农村基层权力监督体系面临着事务复杂性与监督要求规范性的矛盾、基层监督强问责性与基层干部积极性的矛盾、外部监督与民主监督不协调的困境。良好的廉洁文化有利于减少权力监督体系运转的制度成本、提高权力监督体系中行为体的工作积极性、增强权力监督体系中的协同性。在培养路径上要注意将其放置在国家治理现代化的整体框架下，并且在三类责任性体系中注重政府推动与村民参与的有机结合。

【关键词】 廉洁文化；基层权力监督；责任性；治理现代化

[①] 金立，男，湖南常德人，复旦大学国际关系与公共事务学院博士研究生，主要研究方向为腐败治理与反腐败国际合作。

[②] 李辉，男，安徽淮北人，复旦大学国际关系与公共事务学院教授，主要研究方向为当代中国的权力监督与廉政建设、政治腐败的国际比较、职务犯罪的大数据分析。

一、引言

基层治理作为中国国家治理体系的基石，是实现国家治理体系和治理能力现代化的基础工程。农村作为我国基层自治单位，其权力监督体系的建设是基层治理的重要组成部分，其重要性不言而喻。在治理实践中，农村基层政权权力监督的一大挑战是如何将治标与治本相结合。对农村腐败的根治需要完善的制度设计与良善的廉洁文化相结合，构建出不敢腐、不能腐、不想腐的廉政体系。由此引出了本研究所试图回答的问题：廉洁文化在农村基层政权权力监督体系中起到什么样的作用？如何培育与农村权力监督体系和谐共生的廉洁文化？本文接下来将首先从学理上分析权力监督体系中的三个责任性体系，继而梳理目前农村权力监督体系中的困境以及廉洁文化在其中的重要性，最后讨论乡村廉洁文化培养的可能路径。

二、责任性理论与权力监督体系建设

在西方的语境下，权力监督往往是在责任性（accountability）的框架下展开讨论的。它在不同的学科中有着差异化的概念外延，政治学学者通常将责任性视为一种机制，关心的是在什么样的责任性制度下才能使官员成为负责任的行动者，在这其中，责任性被视为自变量，考察责任性制度的安排是否促进了对行政部门的民主监督，是否促进了权力制衡与改善官员行为。[1]一般而言，责任性体系可分为自下而上的民主责任性、自上而下的纵向责任性与横向责任性，通过从学理上分析这三类责任性的优缺点，以期建立一个整体性的坐标，从中分析廉洁文化在权力监督体系中的作用与建设路径。

（一）民主责任性

从委托—代理理论出发，马克·沃伦将民主责任性定义为所有受影响的委托人去实施他们的权利，委托人可以要求拥有委托权力的官员负起责任。虽然选举是民主责任性制度的重要组成部分，但是它还包含请愿与诉讼自由、公共组织的政治自由等。[2]与委托—代理视角不同，奥尔森主张将"政治学带回责任性研究"，从基于组织的制度视角重点探讨如何去理解在不稳定状态下的民主责任性关系。在此视角下，他认为不仅要关注委托者与代理者的外部关系，民主政治与政府的内部关系同等重要。此外，还需要注意到责任性制度所存在的政治生态经常是模糊、不稳定并且处于有限控制状态。[3]

不管是哪种视角切入，两者都注意到民主责任性的优势与面临的挑战。首先，民主责任性能够使得政府，至少是在选举期间，重视公众意见与政府政策影响，同时，它也能对政府的意识形态倾向产生影响。[4]其次，虽然民主责任性的效果是依制度环境而不同，但是民主责任性本身就是代议制民主的内核要求。必须承认，在政治规模与责任扩大化与事务专业化程度提高的当下，民主责任性面临不小的挑战。首先，选举产生的官员对选民所关注的事项并没有完全的控制能力。虽然官员实施的政策是可感知的，但是选民对该政策影响的感知却是因人而异，因时而异，譬如全球化的趋势往往能改变不同政策相互联系的重要性。[5]其次，以选举为重点的民主责任性可能会混淆问责内容，影响问责效力，譬如就官员自身无法控制的事项进行问责。再次，良好的民主责任性往往与国家的高透明程度与竞争性选举密不可分，而且主要聚焦于大众关心的事务上。最后，政府往往可以通过改变选举规则去操纵选举结果，比如有选择性地实施全面公投或者是带有党派偏好地重新划分选区。[6]

（二）纵向责任性

不管何种政治制度，理论上，权力等级顶端的行动者向下级授权，并拥有向下级问责的权力。有学者指出,这种等级责任性的优势在于,至少在理论上,它的问责边界清晰与惩罚力度具体。授权方明确拥有就被授权的权力对该权力如何行使来进行问责。此外,得益于权力的直接授权,上级拥有对下级进行评定与奖赏的合法性。与此同时,等级责任性的不足之处在于:第一,上级与下级之间的信息差,使得上级对下级的问责变得困难。此外,上下级关系是嵌套在更广的关系网之中的,这可能会影响上级严厉问责下级的意愿。第二,许多等级问责缺少透明度,使得上级无法控制下级。第三,新公共管理运动以来,不是所有的政治实体都受到直接的等级控制,很多下级的政治实体也与它们的非授权方结合,由此衍生出等级责任性的合法性问题。同时,治理的多中心主体特点虽然促进了政府与其他社会组织的合作,但多个行动主体也意味着问责对象的复杂度的提高,在很多新兴的问题领域,找到一个可追踪的问责对象也许是充满挑战的。[7]此外,也有学者从民主与管理的双重视角分析等级责任性的劣势。一方面,等级责任性的困境与民主控制相关。一个机构得到的授权越大,它可以自行做出政策决定的自由裁量权就越大,当等级问责制被削弱或搁置时,上级对下级的控制就存在较大的问题。另一方面,由于专业化的增强,等级责任性中的上级对下级的信息壁垒与关注意愿遇到了很大的挑战,造成其问责能力的不充分。[8]

(三)横向责任性

与上级对下级的问责不同,横向责任性可以被理解为第三方的问责监督。独立的评估人员、利益相关者或专员的董事会、记者、利益集团都可以作为横向问责者。在许多事实上的横向问责情况下,公共机构没有义务向利益集团或大众媒体等经常自封的问责者提供其行为的解释说明。在这些情况下,比起问责机制,称之为问责实践似乎更加合适。学者认为,要想建立一种横向责任性机制,代理人与第三方之间必须存在有一种正式的制度安排,使得代理人有义务去向独立第三方解释其行为。在这种制度安排中，问责者与被问责者有预先安排的机会对此解释进行辩论对话，并且问责者也有权力做出评判，以及施加正式或非正式的制裁，以纠正代理人的行为。施里曼通过对荷兰行政机构中存在的横向监督展开实证分析，发现横向监督对于等级责任制的能力不足是一个有效的补充，它能使得行政机构的运作更加透明，但是它在加强对行政机构的民主控制维度上并没有明显的作用，需要依靠行政机构的上级才能得到改善。[9]

总体来看，横向监督可以增加机构透明度，间接促进机构的负责任行为，但是往往惩罚能力不足，其实际监督效果通常取决于纵向的等级监督与民主监督。相比较而言，等级监督中监督主客体清晰明确，上级也拥有惩罚权力，但是囿于专业化和规模化带来的信息不对等以及社会网络的限制，其监督意愿与能力有限。而民主监督是代议制民主的核心要求，其监督意愿充分，往往在选举期间对政府的政策产生较大的影响，但其良好运转存在较多的前置条件，比如较高的信息透明度与竞争性选举，以及关心公共利益的公民。

在农村基层政权的语境下，民主责任性主要体现为以村务监督委员会、村民选举等形式的村民政治参与。等级责任性则是以纪检监察监督为主干的各项监督，而横向责任性多体现为独立评估的第三方与大众媒体。

三、基层权力监督体系中的责任性困境

（一）多目标的纵向责任性

自取消农业税，尤其是乡村展开扶贫攻坚以来，国家对输入乡村的众多资源资金的使用提出了监督的高要求。很多学者们从制度设计的角度对这一时期的农村监督遭遇到的困境展开了分析，他们认为监督制度本身要求高规

范性与农村基层事务的复杂性现状之间存在大的张力。贺雪峰与郑晓园认为自上而下的党内监督强调标准化、程序化与规范性，这些与基层治理所展现出的"治理对象的具体性、治理事务的琐碎性与不规则性、治理事件的偶发性、治理资源的有限性和基层治理本身的特殊性等特点相矛盾"，造成监督下乡遇到困境。[10]吕德文引入合规化的分析框架，对农村权力监督的制度成本进行分析，他认为国家在强化对基层的权力监督过程中，为了使基层达到制度化和规范化所需要的制度成本为"合规性"成本，它主要体现在两个方面：一是监督力量的运转成本，即巡视、督查、审计、检查、评估、考核等。二是"基层为了满足监督标准而付出的制度成本，包括在合规性证明（如迎检、留痕、报告等'自证清白'的措施）过程中所消耗的治理资源"。在监督下乡的过程中，大量的模糊性任务被引入，加上基层事务本身的复杂性，造成基层超负荷的意外后果。[11]

（二）纵向责任性下的避责行为

以问责统领的监督制度的设计往往伴随着不容忽视的制度成本，比如避责行为的增加，这一点对"上面千条线，下面一根针"的基层尤为明显。要想让监督制度以基层政权可接受的成本实施下去，就必须考虑其制度成本问题，正视监督的强问责性与基层干部积极性之间的矛盾。国内外已有研究指出问责与政府官员避责行为的相关性，有的学者认为两者呈现较为明显的正相关关系。倪星与王锐认为问责的强度与政府官员行为密不可分，问责强度的增大意味着政府官员行为成本的上升，当前基层官员常常会采用诸如"忙而不动、纳入常规、隐匿信息、模糊因果关系、转移视线、找替罪羊"的避责策略。[12]他们通过运用"结构—风险—行为"的组织学分析框架，研究了基层政权中的有限权力和无限责任的权责分立现状。一方面基层乡镇政府只拥有有限财权、有限执法权、有限裁量权与有限调控权，但是在属地管理的原则下，基层承担了相当大的政治、行政、法律与道德责任。这种权责分立的情况放大了基层面临的风险，是基层避责行为产生的制度来源。[13]冷波通过对中国某县的田野调查发现，一方面，农村基层监督制度的建设提高了乡村干部行为的合规性；另一方面，对于农村事务的高合规要求与强问责又给乡村干部提出了极高的要求，挤压了其工作自主性，便产生了形式主义与消极避责行为。[14]

不过，有的学者认为两者之间并不是简单的线性关系，而是存在更为复杂的关系图谱。克里斯多夫·胡德认为根据两者定义的不同，两者的关系也随着发生变化。当问责被视为追究过失官员的责任时，两者可以被视为一个硬币的两面。但是，当问责更少强调追责而是强调当事人的行为解释时，两者并不是完全对立的关系。[15]同时，有学者也以中国乡镇基层公职人员为例分析问责对避责的复杂影响机制。涂文燕与公婷通过对896名公职人员（其中70%属于科员）的问卷调查数据进行实证分析，认为问责与避责之间并非是简单的线性关系，她们通过内容分析将避责行为分为回避责任、推诿责任与异化责任。实证检验表明，强调监督和惩罚的"控制性问责"可以有效控制回避责任，但是却助长了更加隐蔽的避责行为——异化责任。因此，她们建议，问责力度不应该是问责制度设计唯一关注的方面，针对复杂多样的避责行为设计相对应的问责机制，应是更为有效的制度设计。[16]

（三）民主责任性与横向责任性

制度设计上，我国目前已形成较为完善的对基层干部的外部监督与内部的民主监督，前者包括各种形式的党内监督、行政监督与舆论监督，后者主要体现为以村民为主体展开的监督方式。有学者从这两类监督制度的协同性上分析制度运行的困境。李云才与唐铭认为，体现为党内监督、行政监督和法治监督的乡村外部监督与体现为村民会议、村务公开和监督机构等的乡村民主监督的不协调也影响了乡村监督制度的实际效果。乡镇政府将上级行政任务指标化分配给所辖乡村，并进行目标考核以此实现对乡村干部的控制与管理，使得乡村干部很大程度上成为乡镇行政任务的执行者。这种模式下的村干部为了应付上级考核要求，弱化了与本村村民的服务利益关系，使得村干部经常疲于文字材料的流程，既减少了乡镇政府对村干部行政监督的效果，也压缩了村庄内部民主监督的空间。[17]

四、廉洁文化与基层权力监督体系中的责任性提升

（一）廉洁文化与监督体系的制度成本

在全球腐败治理实践中，基本模式可以概括为国家中心主义与社会中心主义模式。前者注重国家治理意愿与强有力的制度建设，而后者更加重视反腐实践中的有序与合法的制度性公民参与，以培养对腐败零容忍的廉洁文化。[18]以此观照中国农村权力监督实践，经过几十年的制度建设，应该说，农村相关的权力监督制度越来越完善，但是与之相协调的乡村廉洁文化培养却相差较远。人情高于法理，觉得小贪小腐无可厚非的民众还大有人在。这种廉洁文化的缺失会极大增加权力监督体系良好运转的成本，阻碍相关监督单位对案件的取证与调查。与此形成鲜明对比的是中国香港地区成功的腐败治理实践。香港1974年成立廉政公署后，很快便扭转了香港社会弥散的贪污风气，一个重要的原因是廉政公署采纳的社区关系策略。该策略积极为公众参与腐败治理提供便利与支持，并积极走访社区，运用各种媒体宣传廉洁重要性，鼓励社会参与，尤其是社会上容易受到贪污腐败影响的群体，比如渔民与个体商贩。这些举措不仅提高了民众对腐败治理的了解与信息，而且助力培养了社会对腐败零容忍的廉洁文化。数据显示，1977年到1986年，香港民众愿意举

报腐败的比例从60.9%上升到87.6%。[19]所以，培育对腐败零容忍的乡村廉洁文化，不仅有利于党和国家各种下乡资源的合理利用，而且有助于减轻监察人员的办案成本，进而助力权力监督体系的良好运转。

（二）廉洁文化与避责行为

农村权力监督体系的良好运转离不开作为主要行为体的基层干部。提高农村基层干部的工作积极性固然需要更好的完善问责制度，建立一种更多的强调行为解释，而非一味地对过失追责的问责体系。但是，个体的行为不仅仅受制度的塑造，也受到文化的影响。廉洁文化可以通过给农村干部树立廉洁榜样，让他们认识到其清廉行为对乡村的巨大影响力和意义，从而激发其工作的积极性和责任感。同时，强调公平公正的廉洁文化能够增强村民之间的反腐意识，增强村民在腐败治理中的公共参与，从而提高农村的清廉水平，而这又会增强基层政府的公信力和合法性，更好地推动相关制度的执行。国内外无数实践证明，在一个"劣币驱逐良币"、缺少清廉文化的政府中工作的官员，是很难保持长久的工作积极性与责任性的。

（三）廉洁文化与不同责任性系统的协同性

协同性是党和国家权力监督体系的重要要求之一。[20]在农村基层监督体系中，协同性一方面指的是不同监督主体之间的横向合作与协同，另一方面也是同一监督部门内部的纵向配合。在村民心中形成的对腐败零容忍的廉政文化，加上在政府部门之间形成的风清气正的廉洁文化，能够鼓励村民积极行使民主监督的权利，参与村务监督的公共事务，通过投票与信访等形式与其他监督主体合作，形成监督合力。同时，良好的廉洁文化能够使所有公职人员都认识到清廉透明的重要性，有助于不同部门之间建立起信息共享机制，进而促进各个部门间的协作和合作。最后，在同一监察部门的内部，良好的廉洁文化能够有助于促进行为体之间信任关系的建立，从而帮助信息之间的分享与提高监督效率。

五、结论

理论层面上，须将廉洁文化建设放置在国家治理现代化的整体框架下，从整体上推动廉洁文化建设。莫斯认为："历史学家认为社会学家过于沉迷抽象，不适当地将社会的各种要素彼此割裂，这一批判无疑是正确的。我们必须像他们那样：观察既存的事实……在注定将事物条分缕析、抽象解构之后，社会学必须努力地结构，即整体重建。"[21]这一见解同样适用于廉洁文化建设。它的培养无法单独从治理现代化中抽离出来，相反，它必须作为其重要一环和其他环节协同发展。第一，继续完善基层公共权力规范运行的制度设计，推进基层民主，保证人民当家作主。第二，加强法治建设，保障法律面前人人平等的原则在公共事务中的落实。[22]第三，继续推进乡村振兴战略，在发展中提高乡村的物质文化生活水平，培养参与型的公民文化。

实践层面上，自上而下的政府推动与自下而上的村民参与缺一不可，在三类责任性体系下促进廉洁文化的建设。在民主责任性中，政府应继续推进基层选举制度建设，鼓励村民积极参与乡村公共事务，提高重大村务的公开与透明度，加大腐败治理的宣传，提高村民对小微腐败危害性的认识，尤其是加大对一些易受腐败影响或接受信息较少群体的关注，比如农村个体商贩，提升村民的反腐败意识。此外，基层政府要加大对村民举报的保护，防止举报人信息泄露，避免举报人遭到打击报复。与此同时，村民应积极参与反腐实践，提高对乡村腐败的认知，积极行使自己手中的政治权利，形成对腐败零容忍的廉洁文化。

在等级责任性中，监察机关要认真履行对监督对象的监督职责，对小微腐败不姑息不纵容，确保"老虎苍蝇一起打"。同时要加强基层政府工作人员的廉政教育，加强对廉政榜样与反腐成果的宣传，从正反两个方面提高政府人员的清廉意识。

在横向责任性中，要着重关注某一公共事务的利益相关者与大众媒体。在重大村务工作中，基层政府要通过座谈会等形式听取利益相关者的意见，提高他们对涉及自身事务的知情度，做好"关键少数"的工作，推动其有序合法的制度性参与，保证重大村务工作公平公开的进行，提高对政府的信任度。同时，重视媒体的作用，不仅发挥其监督作用，亦要注重对廉洁案例与腐败知识的宣传，共同助力社会廉洁价值观的形成。

参考文献

[1] Bovens, M., Goodin, Robert E., editor, & Schillemans, Thomas, editor. The Oxford handbook of public accountability[M]. Oxford University Press, 2014:3-20.

[2] Bovens, M., Goodin, Robert E., editor, & Schillemans, Thomas, editor. The Oxford handbook of public accountability[M]. Oxford University Press, 2014:39-54.

[3] Olsen, J. Democratic Accountability, Political Order, and Change.[M] Oxford University Press,2017:53-78.

[4] McAllister, I., Dalton, R., & Farrell, D. Political Parties and Democratic Linkage[M]. Oxford University Press,2011:22-55.

[5] Hellwig, Timothy. Globalization, Policy Constraints, and Vote Choice[J].The Journal of Politics, 2008.70(4) : 1128-1141.

[6] Bovens, M., Goodin, Robert E., editor, & Schillemans, Thomas, editor. The Oxford handbook of public accountability[M]. Oxford University Press,2014:389-404.

[7] Bovens, M., Goodin, Robert E., editor, & Schillemans, Thomas, editor. The Oxford handbook of public accountability[M]. Oxford University Press,2014:405-420.

[8] Schillemans, T. Does Horizontal Accountability Work? Evaluating Potential Remedies for the Accountability Deficit of Agencies[J]. Administration & Society,2011,43(4) : 387-416.

[9] Schillemans, T. Does Horizontal Accountability Work? Evaluating Potential Remedies for the Accountability Deficit of Agencies[J]. Administration & Society, 2011, 43(4) : 387-416.

[10] 贺雪峰，郑晓园. 监督下乡与基层治理的难题 [J]. 华中师范大学学报（人文社会科学版），2021，60（02）：10—18.

[11] 吕德文. 监督下乡与基层超负：基层治理合规化及其意外后果 [J]. 公共管理与政策评论，2022，11（01）：34—42.

[12] 倪星，王锐. 从邀功到避责：基层政府官员行为变化研究 [J]. 政治学研究，2017，133（02）：42—51+126.

[13] 倪星，王锐. 权责分立与基层避责：一种理论解释 [J]. 中国社会科学，2018,269（05）：116—135+206—207.

[14] 冷波. 监督下乡：乡村监督体系重塑及其效应 [J]. 中国农村观察，2021，160（04）：79—89.

[15] Bovens, M., Goodin, Robert E., editor, & Schillemans, Thomas, editor. The Oxford handbook of public accountability[M]. Oxford University Press, 2014:603-616.

[16] 涂文燕，公婷. 控制型问责可否有效遏制避责行为？——基于官员行为与制度规范的内在逻辑分析 [J]. 行政论坛，2022，29（05）：52-60.

[17] 李玉才，唐鸣. 从多元隔离到多元复合：村干部监督体系的优化路径研究 [J]. 社会主义研究，2017，234（04）：114—121.

[18] 李辉. 超越国家中心主义：中国腐败治理的历史梳理 [J]. 文化纵横，2013（03）：56—62.

[19] 公婷. 腐败治理：概念、路径和方法 [M]. 北京：中国方正出版社，2023，96—99.

[20] 李辉. 从机制设计到能力提升：基于地方纪检监察"协同监督"的案例研究 [J]. 政治学研究，2023（03）：128-141+172.

[21] 莫斯. 礼物 [M]. 李立丰译. 北京：北京大学出版社，2022：81.

[22] 俞可平. 推进国家治理体系和治理能力现代化 [J]. 前线，2014（01）：5—8+13.

井冈山斗争时期红色廉洁文化对新时代廉洁文化建设的启示及实践路径探析

朱利兵[①]　李豪[②]

【内容摘要】 党的二十大报告强调加强新时代廉洁文化建设，涵养求真务实、团结奋斗的时代新风。当前，弘扬井冈山斗争时期红色廉洁文化对新时代廉洁文化建设具有重要的启示意义。通过厘清井冈山斗争时期红色廉洁文化的内涵及特征，梳理其与新时代廉洁文化建设的内在关联，提炼出井冈山斗争时期红色廉洁文化对党员干部在坚定理想信念、培育廉洁自律、发扬吃苦作风和增强服务意识方面有重要启示，探索井冈山斗争时期红色廉洁文化可通过加强红色廉洁教育、开展红色廉洁文化活动与强化廉洁文化制度建设三条路径融入于新时代廉洁文化建设，实现新时代廉洁文化建设的理论与实践创新。

【关键词】 井冈山斗争；红色廉洁文化；新时代廉洁文化建设；启示；实践路径

中共中央政治局在2023年12月8日召开的会议中强调："要坚定不移推

[①] 朱利兵（1970.12—），男，江西莲花人，井冈山大学马克思主义学院硕士生导师，哲学博士，研究方向：马克思主义哲学、西方马克思主义、辩证法。

[②] 李豪（2001.3—），男，江西宜春人，井冈山大学马克思主义学院硕士研究生，研究方向：思想政治教育。

进全面从严治党、持续深化正风肃纪反腐,深化源头治理,加强新时代廉洁文化建设,坚决铲除腐败滋生的土壤和条件。"党的二十大报告强调:"要在不想腐上巩固提升,更加注重正本清源、固本培元,加强新时代廉洁文化建设,涵养求真务实、团结奋斗的时代新风。"[1] 2022年中共中央办公厅印发的《关于加强新时代廉洁文化建设的意见》中强调:"用中华优秀传统文化涵养克己奉公、清廉自守的精神境界。"[2] 我们党注重推进新时代廉洁文化建设,为打赢反腐败斗争和全面从严治党提供重要保障。加强新时代廉洁文化建设要注重继承和发扬我们党清正廉洁的优良传统,挖掘和利用中华优秀传统文化中的廉洁文化基因与元素,从井冈山斗争时期的红色廉洁文化中启迪智慧,不断推进新时代廉洁文化建设的理论和实践创新。

一、井冈山斗争时期红色廉洁文化的内涵及特征

(一)红色廉洁文化的内涵

在开辟井冈山道路的过程中,中国共产党一方面要应对国民党的封锁围剿,另一方面要适应井冈山地区的艰苦环境。在如此严峻的革命形势下,以毛泽东为代表的中国共产党人不仅进行了三湾改编,确立了支部建在连上的制度、作出引兵井冈山的决策,通过加强党的建设和思想政治教育,打消了革命消极观念和悲观情绪、与军民同吃野菜红米饭同喝南瓜汤等,大兴廉洁之风,毛泽东以一根灯芯彻夜笔耕以及朱德扁担等事迹流传至今。党的领导人以身作则,廉洁自律,实行了官兵平等,干群平等的原则,还要求部队做到"三大纪律、六项注意",积极发动群众,通过土地革命,先后制定了井冈山《土地法》和兴国《土地法》,给予农民看得见的实际利益。此外,在井冈山斗争时期,党还积极传承中华民族优秀的传统文化遗产,特别是其中的廉洁

自律精神。通过廉洁自律的行为和作风，赢得井冈山军民的信任与拥护。井冈山革命根据地的建立与巩固、革命队伍的壮大与建设都离不开党主张的党风廉政建设。

井冈山斗争时期的红色廉洁文化是中国共产党在革命实践中，发扬中华优秀传统文化的廉洁自律精神，与人民群众相结合而形成的独特文化。红色廉洁文化是中华优秀传统文化的重要组成部分，它以红色革命精神为灵魂，强调廉洁自律、坚定信念、艰苦奋斗、实事求是、民主平等和无私奉献等优秀品质。在中国历史的发展进程中，尤其是在中国共产党的领导下，这一文化起到了关键作用，成为促进社会前进和推进新时代廉洁文化建设的强大动力。

（二）红色廉洁文化的特征

中国共产党人以马克思主义作为指导思想，传承中华优秀传统文化，通过自身的革命实践，不断总结经验，形成了具有特色的红色廉洁文化，并具有以下鲜明的特征。

1. 革命性

井冈山斗争时期的红色廉洁文化源于中国共产党领导的井冈山革命斗争，具有鲜明的革命性质，它要求党员和干部在中国革命斗争中始终保持廉洁自律，切实做到为人民服务，它强调党员和干部要树立高尚的道德情操，坚定马克思主义理想信念，以"革命理想高于天"的信仰追求先进的政治理想，做到公平正义，廉洁奉公。

2. 实践性

红色廉洁文化并不是空中楼阁般的道德说教，而是谨遵马克思、恩格斯"我们的学说不是教条，而是行动的指南"的箴言，建立在中国共产党长期革命实践基础上的经验与总结，并践行在革命斗争的实践中，真正地将廉洁自律落到实处，深刻体现了马克思主义的实践观，具有强烈的实践性，并对中国革命和建设事业具有重要的现实指导意义。

3. 先进性

红色廉洁文化继承了中华优秀传统文化中的廉洁自律、艰苦奋斗等优秀品质，是党历史上的宝贵精神财富，并随着党的发展而不断传承与发扬，成为党的优良传统和作风。在井冈山时期中，我们党从"上山"至"下山"始终坚持廉洁自律，强调党的严明纪律，提出了"三大纪律、六项注意"，以党的先进性作风引领广大军民推动革命根据地的壮大与发展。

4. 群众性

红色廉洁文化同党主张为人民服务的根本宗旨一样，强调党员干部要从群众中来，到群众中去的工作路线，切实做到密切联系群众，关心群众生活，做到为人民服务，接受群众监督。在井冈山斗争时期，以毛泽东、朱德为代表的中国共产党领导人同井冈山军民同穿草鞋，同喝南瓜汤吃红米饭，一起渡过难关，凝聚了强大的人民群众力量，以星星之火燃起燎原之势。

二、井冈山斗争时期红色廉洁文化与新时代廉洁文化建设之间的内在关联

井冈山斗争时期的红色廉洁文化是中国共产党领导广大军民在中国革命初期特定的历史背景下形成的崭新文化体系，它鲜明地体现了中国共产党坚定的人民立场和革命理念的纯洁性。在井冈山斗争时期，党组织和红军队伍重视思想建设，强调党的严明纪律、实行军队民主政治、官兵平等、干群平等以及反对腐败现象与特权思想，这些亦是红色廉洁文化的主要内容。新时代廉洁文化建设是在中国特色社会主义进入新时代的背景下提出的，它强调

党员干部作为廉洁文化建设的践行者、示范者、传播者，旨在通过加强廉洁教育、传播廉洁文化、强化制度建设、推进廉洁监督机制等方式，推动全面从严治党，反对贪污腐败，形成廉洁为民、清正廉洁、崇廉拒腐的政治生态和社会风气。井冈山斗争时期的红色廉洁文化与新时代廉洁文化建设之间的内在关联主要体现在以下两个方面。

（一）井冈山斗争时期红色廉洁文化是新时代廉洁文化建设的思想源头与基础

1. 坚定的人民立场

井冈山斗争时期红色廉洁文化注重把人民群众的利益放在首位，强调红军队伍"不拿群众一针一线、不吃群众一粥一饭"，以马克思主义的人民立场增强红军队伍为人民服务的意识。此外，我们党还坚持群众路线，紧密联系群众，关心群众切实利益问题，积极开展土地革命，实现了土地的重新分配，让农民成为土地的所有者。这一人民至上理念在新时代廉洁文化建设中依然具有重要价值。

2. 严格的纪律建设

在井冈山斗争时期，毛泽东针对红军队伍中的乱拿群众财物、不听指挥和打土豪没收的东西归为己有等现象问题，进行了军纪整顿，提出了"三大纪律"，1928年，毛泽东在桂东县沙田村对部队提出了"六项注意"。"三大纪律六项注意"鲜明地体现了党的严明纪律，此外，对违反纪律，腐败现象等行为予以坚决的查处。这种严明的纪律观念在新时代依然是廉洁文化建设的重要组成部分。

3. 艰苦奋斗的作风

在井冈山斗争时期，党的领导人和干部面对极端困难的生存条件和环境，以身作则，廉洁自律。如毛泽东在茨坪八角楼上，本来可用三根灯芯，却换成一根灯芯彻夜笔耕。朱德亲自挑粮的。他们还与广大军民一同吃红米饭，喝南瓜汤，盖稻草等，展现出吃苦耐劳、勤俭节约的作风，这种作风在新时代廉洁文化建设中转化为党员干部廉洁从政、廉洁自律的要求。

4. 深入的教育宣传

井冈山斗争时期，党和红军通过多种形式的文化活动，如革命歌谣《红军纪律歌》、《井冈山上》、戏剧《空山计》、标语"红军不拿群众一针一线"、革命对联"你当年剥削工农，好就好，利中生利；我今日宰杀土劣，怕不怕，刀上加刀"等，广泛开展廉洁教育和宣传。这种通过文化教育传递廉洁理念的方法为新时代廉洁文化建设创新廉洁文化传播方式提供了借鉴。

（二）新时代廉洁文化建设是对井冈山斗争时期红色廉洁文化的继承和发展

1. 价值取向的一致性

新时代廉洁文化建设坚持社会主义核心价值观，弘扬社会主义主旋律，坚持以人民为中心的发展思想，坚持人民至上的理念，强调党员干部坚持正确的政治方向和站稳政治立场，夯实理想信念之基，推进廉洁文化建设要切实符合人民的根本利益，做到廉以律己、廉洁为民。这一价值取向是井冈山斗争时期红色廉洁文化坚定人民立场的继承与发展。

2. 纪律建设的延续性

新时代廉洁文化建设重视建设廉洁文化制度与监督机制，把廉洁文化建设纳入推进全面从严治党与反腐败斗争的工作布局，强调党的严明纪律，尤其是政治纪律和组织纪律，完善党内法律法规，加强违纪违规处罚力度。这与井冈山斗争时期党的铁的纪律相呼应，进一步发展了井冈山斗争时期红色廉洁文化强调的严明纪律和廉洁制度。

3. 宣传教育的普及性

在新时代，廉洁文化建设根据新的时代特点和要求，可通过多种宣传渠道和传播方式，如网络平台、新媒体、教育活动等，普及廉洁文化，倡导廉洁价值理念，不仅重视增强党员干部的廉洁意识，也注重为人民群众传播廉洁理念，营造全社会清正廉明、倡廉反腐的廉洁之风。这对于井冈山斗争时期通过文艺作品进行教育的方式既有继承也有创新。

4. 实践活动的实效性

新时代的廉洁文化建设始终坚持马克思主义的实践观，强调廉洁践行，紧密结合实际，通过创建廉洁文化教育基地、开展廉洁文化宣讲、推动廉洁文化进社区等实践方式，将廉洁文化融入大众日常生活，强调党员干部要切实成为廉洁文化建设的践行者、示范者与传播者。这是对井冈山斗争时期红色廉洁文化强调的身体力行、廉洁践行、以身作则等廉洁行为的继承与发展。

三、井冈山斗争时期红色廉洁文化对新时代廉洁文化建设的启示

党的二十大报告明确指出，"加强新时代廉洁文化建设，教育引导广大党员、干部增强不想腐的自觉"。党员干部是廉洁文化建设的重要主体，在党的组织体系中，党员干部既是廉洁文化建设的传播者，也是廉洁文化建设的践行者、示范者。井冈山斗争时期的红色廉洁文化经久不衰，在新时代背景下对廉洁文化建设依然具有现实指导意义，对党员干部这一廉洁文化建设的主体具有重要启示。

（一）坚定理想信念，滋养党员干部精神之"钙"

"马克思主义政党不是因利益而结成的政党，而是以共同理想信念而组织起来的政党。建设坚强的马克思主义执政党，首先要从理想信念做起"[3]。中国共产党的党员干部亦是如此，坚定理想信念是党员干部切实做到廉洁奉公、清正廉洁、推进新时代廉洁文化建设的首要前提。党员干部如果没有了对马

克思主义的坚定信仰，缺失了党的崇高理想和远大理想，何谈作为党员干部身先士卒、以身作则、廉洁奉公！因此，还须从井冈山斗争时期红色廉洁文化中吸取丰厚营养，滋养党员干部精神之"钙"。

坚定理想信念是井冈山斗争时期红色廉洁文化的重要体现。在井冈山斗争之初，由于从攻打城市失利后转入井冈山，革命队伍中出现了"革命革到了山沟沟里""山沟沟里的马克思主义"的消极观念，之后面对国民党的军事围剿和经济封锁，在水深火热的革命形势下，党的干部队伍中出现了"红旗到底能打多久"的革命悲观情绪。这些消极观念和悲观情绪实际上是对革命持久性和革命者坚定信念的一种考验。在毛泽东等人的领导下，井冈山革命根据地能够在艰苦环境中依然红旗飘扬，以星星之火燃起燎原之势并最终取得革命胜利，这不仅证明了革命队伍的坚强不屈，也展现了革命理想信念的强大力量。党中央强调："理想信念是共产党人精神上的'钙'，共产党人如果没有理想信念，精神上就会'缺钙'，就会得'软骨病'，必然导致政治上变质、经济上贪婪、道德上堕落、生活上腐化。"[4]因此，党员干部要意识到"高扬党的理想信念旗帜是根本；自觉同党中央保持高度一致是关键"[5]的极端重要性，坚持中国特色社会主义共同理想和共产主义远大理想，才能在新时代廉洁文化建设中始终忠诚于党，从井冈山斗争时期的红色廉洁文化中补足精神食粮，滋养精神之"钙"，抵制贪污腐败，发扬廉洁文化，清正党风，推进倡廉反腐工作。

（二）培育廉洁自律，提供党员干部实践之"力"

廉洁自律精神是红色廉洁文化的核心要义，是共产党人的行为准则。1927年9月下旬，秋收起义部队向井冈山进军途中，驻扎在江西省莲花县甘家村。由于匆忙行军，部队已经粮食短缺，战士们已是疲惫不堪、饥饿劳顿。为了迫切地解决这一问题，炊事班长在未见到老乡的情况下将找到的半缸大米做成了米饭。毛泽东得知此事后批评了炊事班长，并严肃强调了 我们党的革命纪律，责令部队务必照价赔偿。于是队伍在离开时留下了一封道歉信，并把一床棉絮放置米缸里，作为抵偿米钱，之后以为我们党是国民党队伍而躲进山里的乡亲们回来村里，看到米缸里的道歉信和棉絮后，说共产党部队是支好部队。半缸大米的故事体现了我们党纪律严明、廉洁自律，不搜刮民财，廉洁作风是我们党队伍与国民党部队的一个重要区别。不仅如此，以毛泽东、朱德为代表的中国共产党领导人在井冈山斗争时期，都强调以身作则，坚持廉洁自律，坚决反对贪污腐败，他们严格要求自己与红军战士遵守纪律，不得有任何违法行为。井冈山斗争时期的红色廉洁文化深刻体现了马克思主义的实践观，中国共产党向来不是道德说教，而是身体力行，付诸实际行动。

正如恩格斯所强调："马克思的整个世界观不是教义，而是方法。它提供的不是现成的教条，而是进一步研究的出发点和供这种研究使用的方法。"[6]这一方法就是马克思主义最根本的观点与方法即实践。新时代廉洁文化建设的推进，离不开党员干部的实践。弘扬井冈山斗争时期的红色廉洁文化，党员干部不仅要培育廉洁自律的思想观念，增强清正廉洁的廉德修养，做到"常修为政之德，常思贪欲之害，常怀律己之心"，更为重要的是将这一思想观念转化为推进新时代廉洁文化建设的实际行动，成为党员干部廉洁奉公的内生动力。

（三）发扬"吃苦"作风，发展党员干部奋斗之"劲"

艰苦奋斗、吃苦耐劳的精神品质贯穿井冈山斗争时期红色廉洁文化的始终，也是我们党的优良传统和作风。在井冈山斗争时期，毛泽东、朱德等党的领导人身先士卒，同广大军民甘苦与共，与红军战士们同吃野菜、同拾柴火、穿草鞋与盖稻草，这些都是当时井冈山军民的日常。不仅如此，"在白色势力的四面包围中，军民日用必需品和现金的缺乏，成了极大的问题"[7]，我们党还号召军民一同开垦农田、兴修水利、道路与桥梁等基础设施，既保障和改善了农民的生活水平，也为井冈山革命根据地提供了基本保障。他们不仅敢于同艰苦的革命环境作斗争，还善于斗争，艰苦奋斗，从廉洁奉公中坚定革命信念，从艰苦奋斗中壮大革命根据地。

党的二十大报告开篇号召全党"务必不忘初心、牢记使命，务必谦虚谨慎、艰苦奋斗，务必敢于斗争、善于斗争"[8]。这"三个务必"诠释了井冈山斗争时期红色廉洁文化的基本内涵，也强调了全党要坚定信心奋发有为，以艰苦奋斗的作风为实现中华民族伟大复兴而努力。党员干部要从井冈山斗争时期的红色廉洁文化中领悟艰苦奋斗的精神品质，在新时代廉洁文化建设中继续发扬与保持艰苦奋斗这一党的优良作风，以敢于斗争的精神坚决抵制腐败现象。

（四）增强服务意识，树立党员干部为民之"心"

官兵平等、军民平等是井冈山斗争时期红色廉洁文化的重要内容，是我们党在革命斗争时期对社会主义核心价值观的坚守和初步实践，深刻体现了我们党为人民服务的根本宗旨。在井冈山斗争时期，不论是毛泽东、朱德等党的领导人，还是官兵军民，不存在封建社会时的特权思想与等级观念，均是一律平等，都是井冈山革命根据地的一员。当时，朱德已年逾四十，仍然亲自挑着扁担，跟战士们一同去山下挑粮。朱德挑粮的事迹说明了当时我们党坚持奉行官兵平等、军民平等，以此凝聚民心，深得广大军民拥护与信任。这一为民服务的平等意识也是我们党不同于国民党官僚主义作风的主要区别之一。我们党始终坚持为人民服务的根本宗旨，团结群众、依靠群众的力量壮大革命事业。在井冈山斗争时期，我们党在饮食生活上不仅同井冈山广大军民一起吃红米饭，喝南瓜汤等，还照顾红军家属，重视红军家属的安置工作，确保红军战士无后顾之忧，与农民鱼水情深；通过打土豪分田地，先后颁布《井冈山土地法》与《兴国土地法》，将土地分给农民，满足与保障了农民对土地的需求与利益；党还重视井冈山革命根据地的群众文化教育，开办了列宁小学、培训班等，不仅普及了革命理论和文化知识，也提高了广大农民群众的政治觉悟和革命信念。此外，党通过开展群众运动，如建立农民协会、妇女协会等，广泛动员群众参与革命斗争，在廉洁为民中推动革命发展。

习近平总书记强调："江山就是人民，人民就是江山，人心向背关系党的生死存亡。"[9]我们党是马克思主义执政党，党员干部要坚持马克思主义的人民观，调动人民群众参与廉洁文化建设的积极性与主动性；我们党也是全心全意为人民服务的政党，党员干部要心中有百姓，树立为民之心。新时代廉洁文化建设不仅是提高党的执政能力和领导水平，更为重要的是在于利民、为民。为人民谋幸福、为民族谋复兴是我们党的初心使命，更是新时代廉洁文化建设的目标。党员干部要从井冈山斗争时期的红色廉洁文化中增强服务意识，密切联系群众，关心人民疾苦，以为民之心推进新时代廉洁文化建设。

四、井冈山斗争时期红色廉洁文化在新时代廉洁文化建设中的实践路径

在井冈山斗争时期，我们党立足中国革命实际，结合马克思主义理论与中华优秀传统文化而形成的红色廉洁文化，它不仅对革命根据地的建立巩固、革命队伍的壮大具有重要作用，而且对我们党的廉洁文化建设具有重要意义。在新时代，廉洁文化建设还需发扬井冈山斗争时期红色廉洁文化，推动其融入廉洁文化建设，促进中华优秀传统文化的创造性转化创新性发展，实现新

时代廉洁文化建设的理论与实践创新。

（一）加强红色廉洁教育、融入党员干部的教育培训

1. 编写红色廉洁文化教材，结合党校、干部学院的理论教育

习近平总书记强调："要抓好党性教育和党性修养，教育引导广大党员、干部牢固树立正确的世界观、权力观、事业观，始终站稳政治立场，不断增强宗旨意识，弘扬党的光荣传统和优良作风。"[10]党员干部作为廉洁文化建设的践行者、示范引领者，必须夯实党员干部的思想之基，加强党性教育，增强党的宗旨意识，促进廉洁从政。为此，传承红色廉洁基因，将井冈山斗争时期红色廉洁文化的丰富经验和实践编入教材，作为党校、干部学院进行干部教育培训的主要内容，并对党员干部进行马克思主义理论教育、思想道德教育。新时代廉洁文化建设可促使以红色廉洁文化教材为载体，结合习近平总书记关于廉政建设、廉洁文化建设等方面的重要论述，通过党校、干部学院对党员干部进行马克思主义理论教育，强化理论武装，提高他们的思想境界，树立正确的世界观、人生观、价值观，促进不敢腐、不能腐、不想腐，从思想观念转变为实际行动，以坚定的理想信念提升党员干部廉洁自律、廉洁从政的强大动力。

2. 开展红色廉洁文化活动，开发利用红色廉洁文化资源

在实践检验中得出真知，在实践活动中领悟真理。井冈山斗争时期是党敢于斗争，善于斗争的历史时期，是党将马克思主义理论与中国革命具体实际相结合的初步实践。应积极组织党员干部前往井冈山革命老区开展红色廉洁文化活动，促使党员干部领悟在井冈山斗争时期所形成的红色廉洁文化的实践特性，转化为促进新时代廉洁文化建设的实践之力，而非停留在头脑中的空想。在井冈山革命老区中，积极开发与利用红色廉洁文化资源，打造特色的红色廉洁文化景区和建立红色廉洁教育基地。党员干部可通过参观井冈

山革命博物馆等红色景点所保存的物品、书籍等，感悟当时党所面临的环境之艰苦、革命形势之严峻，而在此境之中，我们党依然保持清正廉洁、廉洁为民、纪律严明等党的优良传统与作风。党员干部在参观、游览红色景点中，学习革命先辈的廉洁事迹、廉洁精神品质，将党的光荣传统和优良作风内化于心、外化于行，将其转化为廉洁自律、廉洁奉公的内在动力和实际行动，推动新时代廉洁文化建设发展。

（二）创新红色廉洁文化传播方式、形成崇廉拒腐社会风气

1. 结合现代科技手段和新媒体平台，加强廉洁文化宣传教育

在井冈山斗争时期，红色廉洁文化主要是通过党组织的会议、规定的制度纪律、举办的文艺活动、学校教育和党领导人、干部等言行举止的示范达到宣传教育作用。当时信息传递的范围、时效等十分有限，以至于红色廉洁文化的传播只受限于井冈山革命根据地，而它所蕴含的廉洁奉公理念、廉洁为民思想等精神品质经久不衰，在新时代廉洁文化建设中依旧具有重要作用，但还需要结合新媒体技术进行有效的宣传。加强新时代廉洁文化建设，必须加强党的廉洁文化宣传教育，借鉴井冈山斗争时期党组织的宣传方式、党员干部廉洁自律的实践行为等丰富经验，党组织要结合多种有效途径如线上的官方网络平台、线下举办廉洁文化教育活动等积极传播廉洁理念，党员干部要廉洁践行，以自身的廉洁实践发挥带头作用。此外，加强新时代廉洁文化建设，还须统筹现代科技手段和新媒体资源，通过利用社交媒体、移动客户端等网络平台，实现红色廉洁文化与网络文化相融合，推动廉洁文化网络内容的建设，加强廉洁文化广泛覆盖、全面覆盖的宣传教育，促进廉洁文化进家庭、社区、学校、公司企业、党政机关等，达到廉洁理念与社会治理相结合，提高公民廉洁素养的同时推动社会的有效治理，让廉洁文化进入公众视野，形成全社会崇廉拒腐、反贪廉正的社会风气。

2. 创作廉洁文艺作品，传播红色廉洁文化

文艺作品是通过艺术化的手法来描绘社会生活、抒发情感、传递思想，反映历史与现实并展示作者的审美观念和创作才能的作品。加强新时代廉洁文化建设，必须发挥文艺作品温润人心、启迪智慧、传递思想、价值导向等积极作用，在文艺作品中传播红色廉洁文化，在人民群众、党员干部的头脑中形成廉洁理念、增强廉洁意识。为此，推进新时代廉洁文化建设，必须大力支持创作与传播人民群众喜闻乐见的、具有先进性、正确导向的廉洁文艺作品，将井冈山斗争时期红色廉洁文化如革命先辈的廉洁事迹、官兵平等、干群平等的事迹、严明的群众纪律的事迹等作为廉洁元素融入廉洁文艺作品，展现井冈山斗争时期丰富的廉洁文化，反映井冈山斗争时期的廉洁历史，从这一历史中学习倡廉反腐经验，推动新时代廉洁文化建设的发展。此外，加强新时代廉洁文化建设，还可打造廉洁文艺作品创作基地，促进文艺精品的创造，实现更多更好的廉洁文化产品的有效供给，以文化人，以廉养德，为廉洁文化建设提供文化支撑。

（三）丰富红色廉洁文化内涵、强化廉洁文化制度建设

1. 深入挖掘红色廉洁文化元素、为廉洁文化建设提供动力

井冈山斗争时期形成的井冈山精神是红色廉洁文化的核心。井冈山精神包括坚定的理想信念、艰苦奋斗的作风、实事求是的方法和依靠人民群众求胜利的路线等，这些也是作为红色廉洁文化的重要元素。在新时代，要深入挖掘井冈山斗争时期形成的精神品质，紧密结合新时代的特征，不断丰富红色廉洁文化的内涵，将红色廉洁文化的重要元素融入廉洁文化建设，推动廉洁文化建设创新性发展，将红色廉洁文化融入党员干部的思想和行动，以增强他们的廉洁自律意识，为廉洁文化建设提供强大的精神动力。

2. 完善廉洁文化制度体系、加强对廉洁文化的监督和考核

井冈山斗争时期，党针对贪污腐败现象提出"三项纪律、六项注意"，明确了党的严明纪律、群众纪律，实行军队民主政治、官兵一律平等，加强党对军队的领导、建设了新型的人民军队。这些丰富经验融会于这一时期形成的红色廉洁文化之，在新时代，还需将其融入廉洁文化建设，为完善廉洁文化制度体系、加强对廉洁文化的监督和考核提供借鉴。

完善廉洁文化制度体系、加强对廉洁文化的监督和考核是推进新时代廉洁文化建设的重要措施，对于营造风清气正的政治生态具有重要作用。推动廉洁文化制度体系不断完善、加强对廉洁文化的监督和考核，首先，应完善党内法规制度，以严明的法律法规规范党员干部的廉洁行为，加强对党员干部廉洁自律的要求，建立健全廉洁从政行为规范，加强对廉洁文化制度执行情况的监督检查，确保制度落到实处。其次，应建立健全廉洁文化激励机制，表彰在廉洁文化建设中突出的单位和个人，激励广大党员干部积极融入廉洁文化建设的积极性、主动性。最后，应建立健全多方面廉洁文化建设协作与监督机制，一方面加强与各级纪检监察机关、组织部门等的协作，形成廉洁文化建设的强大合力，一同推进廉洁文化建设；另一方面，应发挥广大人民群众的监督作用，与各级党政机关形成有效的监督合力，人民立场是我们党始终坚定的根本政治立场，在推进廉洁文化建设始终离不开人民群众的监督。

参考文献

[1] 习近平. 高举中国特色社会主义伟大旗帜 为全面建设社会主义现代化国家而团结奋斗——在中国共产党第二十次全国代表大会上的报告（2022年10月16日）[M]. 北京：人民出版社，2022.

[2] 中共中央办公厅. 关于加强新时代廉洁文化建设的意见[N]. 人民日报，2022-02-25(01).

[3] 中共中央文献研究室. 习近平关于全面从严治党论述摘编[M]. 北京：中央文献出版

社，2021：175，161.

[4] 中共中央关于党的百年奋斗重大成就和历史经验的决议 [N]. 人民日报，2021-11-17（001）.

[5] 习近平. 习近平在全国党校工作会议上的讲话 [J]. 求是，2016（9）.

[6] 马克思恩格斯文集：第 10 卷 [M]. 北京：人民出版社，2009：691.

[7] 毛泽东选集：第 1 卷 [M]. 北京：人民出版社，1991：53.

[8] 习近平. 高举中国特色社会主义伟大旗帜 为全面建设社会主义现代化国家而团结奋斗——在中国共产党第二十次全国代表大会上的报告（2022 年 10 月 16 日）[M]. 北京：人民出版社，2022.

[9] 习近平. 在党史学习教育动员大会上的讲话 [J]. 党建，2021（04）：4—11.

[10] 中共中央纪律检查委员会，中共中央文献研究室. 习近平关于党风廉政建设和反腐败斗争论述摘编 [M]. 北京：中国方正出版社，2015：141.

二 廉洁教育

审计文化视角下高校廉洁文化建设路径探析

陈晓斌[①] 陈权[②]

【内容摘要】 梳理研究审计文化与廉政文化的互动特性，为探析新时代高校廉洁文化建设路径提供了新的研究视角。审计文化与廉政文化之间存在着同向而行、和而不同、共融共生等互动特性。这为新时代高校廉洁文化建设的路径选择提供了新的启示：在价值引领层面，要坚持高校廉洁文化建设的正确发展方向；在组织落实层面，要发展高校廉洁文化建设的生动实践内涵；在制度执行层面，要突出高校廉洁文化建设的机制保障功能。

【关键词】 高校；文化；审计文化；廉政文化；廉洁文化

2022年1月，中共中央办公厅印发《关于加强新时代廉洁文化建设的意见》，强调把加强廉洁文化建设作为一体推进不敢腐、不能腐、不想腐的基础性工程抓紧抓实抓好，为推进全面从严治党向纵深发展提供重要支撑。新时

基金项目：江苏高校哲学社会科学研究纪检监察专项：江苏高校政治生态分析研判与评估机制研究（批准号2022SJQTZX0049）；南京审计大学高教研究重点课题（编号2022JG005）。
① 陈晓斌（1973—），男，江苏六合人，南京审计大学纪委副书记，副研究员。研究方向：高校思想政治教育与纪检监察研究。
② 陈权（1983—），男，江苏盐城人，南京审计大学纪委审查调查处处长。研究方向：纪检监察研究。

代廉洁文化是中国共产党人的廉洁文化，体现共产党人克己奉公、崇廉拒腐、尚俭戒奢、甘于奉献的价值理念，反映社会对廉洁价值、廉洁规范、廉洁风尚的思想认同和精神追求。高校作为传承思想文明、服务社会发展的重要组织，是廉洁文化培育与发展的特殊场所，切实担负着推进新时代新的文化使命的责任。

党的二十大报告指出，要以社会主义核心价值观为引领，发展社会主义先进文化，弘扬革命文化，传承中华优秀传统文化，满足人民日益增长的精神文化需求，巩固全党全国各族人民团结奋斗的共同思想基础，不断提升国家文化软实力和中华文化影响力。党的十八大以来，以习近平同志为核心的党中央多次强调："要积极借鉴我国历史上优秀传统廉政文化，大力加强反腐倡廉教育和廉政文化建设。"[1]习近平总书记还特别强调："不想腐是根本，要靠加强理想信念教育，靠提高思想觉悟，靠涵养廉洁文化，夯实不记初心、牢记使命的思想根基。"由此可见，习近平总书记对廉政文化和廉洁文化都有重要的论述。有研究提出，廉政文化和廉洁文化的核心内容都是"廉"，但两者侧重点又有所区别。廉政文化建设主要是针对党政机关和党政干部的要求；廉洁文化建设主要是对全社会各个阶层各个方面的要求，机关、学校、企业、军队、街道、农村等，都可以倡导和弘扬廉洁文化[2]。

审计文化是我国优秀传统文化宝藏的重要组成部分，也是我国历史上反腐倡廉文化的宝贵遗产，蕴含着朴素的价值判断和道德追求。长期以来，我国审计文化、廉政文化在维护社会稳定、服务国家治理等方面发挥了重要作用。在当前新的历史条件下，从审计文化与廉政文化中探求寻觅理论和实践规律，不断推进校园廉洁文化建设更是高校全面贯彻党的教育方针、坚持中国特色社会主义办学方向和落实立德树人根本任务的重要举措。本文认为，从文化互动理论视角，将审计文化与廉政文化进行比较研究具有重要意义和启发价值，梳理研究审计文化与廉政文化的互动特性，有助于为探析高校廉洁文化建设路径提供新的研究视角，对促进高校事业高质量发展和维护校园政治生态健康向上具有重要意义。

一、审计文化与廉政文化之间的互动特性

文化是一个相对宽泛的概念，仁者见仁，智者见智。有学者从多维视角对文化概念进行探析，认为"从表现形态来看，文化是共有的，是一系列共有的概念、价值观和行为准则；从形成机制来看，文化是学习得来的，不是通过遗传而天生具有的，包括各种内隐或外显的行为模式，通过符号系统获得或传递，具有清晰的内在结构，有自身的规律"[3]。也有学者将文化分为人类层面、社会层面和精神层面等三个层面，认为"与人类层面的文化相对应的概念主要是自然，与社会层面的文化相对应的概念是经济、政治，与精神层面的文化相对应的概念是哲学、宗教、科学等"[4]。通常，学界将文化分为广义和狭义两类。广义的文化是指人类社会发展过程中物质创造和精神创造及其成果的总和，其中包含了"文明"[5]，狭义的文化专指人类的精神创造及其成果，包括制度和精神两个层面[6]。

文化互动是一个组合词，指"不同组织的文化在合作中弱化差异冲突、扩大共识，趋向于形成共同文化的过程，其本质是世界观、意识形态、价值取向、社会规范以及行为意志等方面的交流"[7]。目前学界关于文化互动的理论主要包括文化冲突论、文化适应论、组织文化理论等。"文化冲突论"是关于多元文化相互间的竞争与对抗的理论，其主流观点认为"文化冲突的实质包括三个方面：一是政治、经济利益冲突；二是社会转型与文化转型过程中的文化反弹；三是意识形态、价值观念与宗教信仰的对抗"。其中，颇具影响的

理论是美国学者塞缪尔·亨廷顿提出的"文明冲突论",其核心观点认为"多元文化的存在必然会引发文明间冲突"[8]。"文化适应论"是关于研究来自不同文化背景的人通过相互接触,给接触的一方或者双方带来文化模式改变的理论。随着全球化进程的快速发展和跨国人口流动的日益增长,该理论得到社会学、人类学、心理学等众多学科领域学者的高度关注。其中,颇具有影响的理论是加拿大学者约翰·贝利提出的"跨文化适应模型",其核心观点认为"跨文化适应的过程对发生相互接触的两个不同文化都会产生影响,并分化为主流文化和非主流文化"[9]。关于组织文化理论,比较有代表性的是美国学者沙因提出的理论,沙因认为"组织文化应该是一个组织所坚持的基本假设和信条",并由此将组织文化分为基本假设、价值观、人为事物三个层次。国内有学者在沙因的组织文化理论基础上,将组织文化的基本性质概括为四个方面:一是组织文化是一种社会遗产,是可学的和可变的;二是组织文化具有共享性,组织成员之间可以共享文化;三是组织文化具有整合性,可以将分离的事物凝聚成一个复合的整体;四是组织文化既承载着过去的历史记忆,又可以传承、昭示并指引未来[10]。就组织文化的互动模式而言,有学者把不同组织文化之间的互动概括为扩散式文化互动模式、消化式文化互动模式、融化式文化互动模式、分化式文化互动模式[11]。值得注意的是,在上述有关文化互动的理论中,文化冲突论和文化适应论侧重强调不同民族、国家之间的异质文化互动,组织文化理论侧重强调不同主体、组织之间的文化互动。基于上述有关文化互动理论观点,通过对有关文献梳理研究,可以发现:我国审计文化与廉政文化之间的互动,并未曾出现过明显的文化冲突现象,也未出现过分化为主流文化和非主流文化的现象,目前两者的互动关系正处于融化式文化互动模式状态,具体表现在以下三个方面。

第一,审计文化与廉政文化在互动方向上具有同向而行特性。一般认为,审计文化是指审计人员在长期的实践活动中形成的，带有审计特色的对社会经济活动以及审计活动的管理经验总结，以及人类社会在实践中创造的与审计有关的物质、精神财富的总和。主流观点认为"审计文化是指在长期审计实践活动中，逐步形成并为大家认可、遵循、带有审计特色的价值取向、行为方式、审计作风、审计精神、道德规范、发展目标和思想意识等因素的总和，其核心内容是审计人员的群体价值观"[12]。"廉政"一词一般认为是20世纪70年代由香港传来的新词汇。关于廉政文化的定义，目前学界尚缺乏统一认识。比较有影响的观点认为"廉政文化是廉洁从政行为在思想认识和文化上的反映，包括广义和狭义两个方面，广义的廉政文化包括物质形态、制度形态、观念形态和行为方式等，狭义的廉政文化则是指人们关于廉政的知识、信仰、规范和与之相适应的生活方式及社会评价"[13]。综合来看，审计文化与廉政文化之间同向而行的互动关系，实际上都集中体现在两者对共同价值目标的深层次信仰追求。

第二，审计文化与廉政文化在互动方式上具有和而不同特性。审计文化的属性表征主旨鲜明，重在强调独立、依法、奉献；廉政文化的属性表征则较为抽象，注重从传统文化的思想价值上溯源。关于审计文化的属性表征，有学者提出"审计文化精髓特质可以概括为独立、依法、公正、进取、奉献等"[14]，有学者认为"审计文化的本质可以表征为依法、独立、奉献等"[15]，也有学者认为"审计文化应具有结构上以精神元素为核心、性质上兼具经济性与行政性、因环境变化不断创新与发展等特点"[16]。相比之下，一般认为以民为本、公平正义、仁爱诚信的廉政理念是中国传统廉政思想文化的内在核心。对于廉政文化的属性表征，有学者认为"中华廉政文化的道德精髓和核心价值是由为政以德、政者正也的政治道德理念，清廉从政、勤勉奉公的政治道德原则和俭约自守、力戒奢华的政治道德实践有机构成的道德体系"[17]。综合来看，审计文化与廉政文化之间和而不同的互动关系，重点体现在审计文化偏向于从法律规范层面追求廉洁价值，而廉政文化偏向于从伦理道德层面追求廉洁价值。

第三，审计文化与廉政文化在互动形态上具有共融共生特性。审计文化与廉政文化的作用范围均是特定公权领域里群体对象。审计是由专设机关依照法律对国家各级政府及金融机构、企业事业组织的重大项目和财务收支进行事前和事后的审查的独立性经济监督活动，审计行为主体包括国家审计机关、地方审计机关和企事业单位审计人员。廉政是对政党组织的政治活动和政府行政的管理活动的规范性要求，与政治腐败相对立，廉政行为主体包括专职管理国家事务的政府、政党及其公务人员。在文化结构上，审计文化与廉政文化的表现形态均可以分为物质文化、制度文化、行为文化和精神文化等结构层次，其中制度文化侧重与组织的活动方式相联系，行为文化侧重与个人的活动方式相联系。综合来看，审计文化与廉政文化之间共融共生的互动关系，具体表现在两者作用范围均为公权领域，都统一于服务党和国家监督治理体系。

二、对新时代高校廉洁文化建设的启示意义

归纳审计文化与廉政文化之间存在的同向而行、和而不同、共融共生等互动特性，可以为进一步加强新时代高校廉洁文化建设带来如下启示意义。

（一）有助于全面认识高校廉洁文化建设的时代性

审计文化与廉政文化同向而行的互动特性，对全面认识高校廉洁文化建设的时代性具有启发价值。首先，审计文化与廉政文化所蕴含的共同价值追求，启示高校廉洁文化建设必须突出公平正义价值取向[18]。公平正义，自古

而来就是人类社会的共同理想与不懈追求，是人类社会普遍的价值取向。坚持以公平正义为核心的价值取向，既是审计文化与廉政文化的内在价值要求，也是高校廉洁文化建设的必然要求，能为涵养高校政治生态提供精神支持和制度保障。其次，审计文化与廉政文化鲜明的阶级立场，启示高校廉洁文化建设必须突出巩固和加强意识形态阵地。意识形态本质是一种文化，意识形态领域冲突的实质是不同文化之间的对峙。审计文化与廉政文化具备刚柔并济的约束效用，既有规范公权力行使的反腐作用，又能防范和纠正有违清正廉洁的文化思潮，可以为高校意识形态阵地建设提供丰富的载体保障。最后，审计文化与廉政文化服务于国家治理的目标导向，启示高校廉洁文化必须为推进内部治理与治理能力现代化提供有效支撑。当前正是我国高等教育高质量发展的关键历史阶段，高校必须格外强调提升办学质量、优化治理结构和突出特色发展，其本质就是要冲破陈旧思想观念和突破现有体制机制束缚。厘清审计文化与廉政文化服务于国家治理的目标导向，能有效廓清新时代高校廉洁文化建设所担负的时代使命。

（二）有助于准确理解高校廉洁文化建设的独特性

审计文化与廉政文化和而不同的互动特性，对准确理解高校廉洁文化建设的独特性具有启发价值。高校廉洁文化是由学校行政权力与学术权力的行使者主导，由学校师生群体共同支持而形成的，是以"节俭公廉"为核心要义的集体责任意识与共同内心诉求。审计文化与廉政文化所蕴涵的红色革命文化基因，启示高校廉洁文化建设必须明确廓清所面向的特殊政治场域、文化背景和行为主体[19]。首先，高校是中国共产党领导下以教学科研和社会服务为宗旨的事业单位，不是握有较大公权力的国家机构，应有别于国家其他机关的政治场域。其次，高校是知识文化传承的综合载体，具有特殊多元文化背景。高校文化传承具有学科性、专业性等诸多特点，廉洁文化只是其中某一元文化。将廉洁文化与学术文化相融合，使廉洁教育有机渗透融合到教学科研诸多环节，是高校廉洁文化建设的独特命题。最后，高校廉洁文化的行为主体具有特殊性。高校拥有一定公权力的行为主体主要是各级党政领导干部和关键岗位管理人员，普通教师与学生行使公权力的机会较少。如何在高校领导干部和广大师生中做好廉洁主题教育，如何推动广大师生干部从廉洁精神中汲取奋进力量，这些都充分彰显了高校廉洁文化建设具有独特性。

（三）有助于科学把握高校廉洁文化建设的复杂性

审计文化与廉政文化共融共生的互动特性，对科学把握高校廉洁文化建设的复杂性具有启发价值。审计文化与廉政文化所蕴含的监督治理功能，启示高校廉洁文化必须着力聚焦内部监督治理。有观点认为高校廉洁文化建设应着力体现在信仰培育和制度规范两个层面[20]，信仰培育以崇尚清廉的社会价值取向、集体行为准则和民族精神形态来孕育廉洁思想，制度规范则重在强调廉政制度精神，强调实现廉政文化制度的塑造。信仰培育和制度规范是高校廉洁文化建设的主线，但两者对应的客体略有差异。一方面，信仰培育对应的客体主要是高校师生群体，制度规范对应的客体主要是高校行使公权力的各级党政领导干部及关键岗位管理人员；另一方面，信仰培育通过文化熏陶、思想政治教育等，引导高校师生树立马克思主义和弘扬社会主义核心价值观，侧重于对师生的思想、意识、精神和信念的塑造，而制度规范通过制度变迁确保廉政理念牢固树立，侧重于对公共权力与公共行为的约束与激励。综合来看，高校廉洁文化建设的复杂性主要表现在，容易将信仰培育和制度规范的两类客体过于区分，继而导致信仰培育或制度规范的受众覆盖面窄化，从而偏离校园内部监督治理的终极目标。因此，进一步增强对高校信仰培育和制度规范的共生性认识，有助于科学把握高校廉洁文化建设的复杂性。

三、审计文化视角下加强新时代高校廉洁文化建设的路径选择

审计文化与廉政文化之间同向而行、和而不同、共融共生的互动特性，启示新时代高校廉洁文化建设具有时代性、独特性和复杂性，当下加强新时代高校廉洁文化建设的基本路径包括以下三个方面：一是在价值引领层面必须始终坚持高校廉洁文化建设的正确发展方向；二是在组织落实层面必须始终发展高校廉洁文化建设的生动实践内涵；三是在制度执行层面必须始终突出高校廉洁文化建设的机制保障功能。

（一）在价值引领层面，坚持高校廉洁文化建设的正确发展方向

把握高校廉洁文化建设的时代性，根本要求是高校在培育校园廉洁文化方面必须始终坚持正确的发展方向。我国是中国共产党领导的社会主义国家，高校是党领导下的中国特色社会主义高校。在价值引领层面，高校廉洁文化建设的发展方向必须立足基本国情，遵循教育规律，始终同坚持党对教育事业的全面领导和社会主义办学方向一致，始终把培养德智体美劳全面发展的社会主义建设者和接班人作为根本任务。首先，高校党委应将廉政文化建设纳入学校全面从严治党总体部署，提高政治站位，增强政治自觉，压实主体责任，充分发挥党的总揽全局、协调各方领导核心作用，自觉用新时代中国特色社会主义思想指导办学实践。其次，高校基层党组织是党的思想传播者，也是党的教育事业的实践者，要教育和引导广大师生继承和发扬中华民族的优秀传统，弘扬清廉精神，培养高尚道德情操。再次，高校党员干部既是校园廉洁文化的创造者和推动者，也是校园廉洁文化的具体实践者和规范对象，必须坚定不移维护党中央权威和集中统一领导，牢固树立马克思主义世界观、人生观和价值观，自觉遵循廉洁文化的纪律约束要求。最后，高校纪律检查机关必须充分彰显党章赋予的权威性，维护自身相对独立性，认真履行监督

责任，为学校党委落实主体责任、健全内控机制和培育风清气正政治生态提供有效载体。

(二) 在组织落实层面，发展高校廉洁文化建设的生动实践内涵

彰显高校廉洁文化建设的独特性，核心内容是高校在组织落实方面必须着力发展生动的实践内涵。党中央提出新时代党的建设要全面加强党的政治建设、思想建设、组织建设、作风建设和纪律建设。在组织落实层面，高校廉洁文化建设的具体实践必须紧紧围绕新时代党的建设总要求展开。具体而言，在党的政治建设方面，高校廉洁文化建设必须突出检查社会主义办学方向及党的教育方针执行情况，检查贯彻落实党的二十大精神和党中央重大决策部署情况，检查坚持和加强党的全面领导情况；在党的思想建设方面，高校廉洁文化建设必须突出检查学习贯彻新时代中国特色社会主义思想、落实意识形态工作责任制和思想政治教育工作开展情况；在党的组织建设方面，高校廉洁文化建设必须突出检查选人用人、基层党组织建设、民主集中制执行和换届纪律执行情况；在党的作风建设方面，高校廉洁文化建设必须紧盯"四风"方面突出问题，检查享乐主义、奢靡之风隐形变异情况和形式主义、官僚主义新动向新表现，必须紧盯特权思想和特权现象，检查领导干部正家风、重公德情况；在党的纪律建设方面，高校廉洁文化建设必须突出检查维护政治纪律和政治规矩情况，抓好党纪党规警示教育，强化纪律执行，促进形成优良校风、教风和学风。

(三) 在制度执行层面，突出高校廉洁文化建设的机制保障功能

应对高校廉政文化建设的复杂性，根本前提是高校在制度执行层面必须全面突出机制保障约束功能。高校纪律检查机关是党内监督在高校的专责机关，背负着党章所规定的监督执纪问责三项职责。监督、执纪、问责，三者彼此联系、相互贯通，有机统一于高校廉政文化建设的具体实践。其中，监

督是首要职责，重在发现问题，监督有力才能确保发现问题，发现问题必须严肃执纪，履责不力造成严重影响必须强化问责，由此构成党内监督的完整闭环。在制度执行层面，高校纪律检查机关要聚焦主责主业，扎实履行协助职责和监督责任，充分发挥校园廉洁文化建设的机制保障功能。要以参加会议、听取汇报、查阅资料、开展内部巡察、谈话函询、调查问题线索、抽查核实、党风廉政意见回复等方式开展日常监督。要深化运用监督执纪"四种形态"，加强对问题线索的梳理、分析和研判，坚持纪严于法、纪在法前。要针对师生群众反响强烈的突出问题，认真查找失职失责的党组织和领导干部的主体责任、监督责任和领导责任。要坚持"一案双查"，在查清有关违纪违规问题的同时，查清"两个责任"落实情况，对失职失责的党组织和领导干部，按规定程序实施问责。要教育引导师生干部在党内政治生活和审计实践锻炼中经常接受政治体检，深刻认识"监督就是最大的关心和爱护"，强化纪律规矩教育，抓好党性教育，不断厚植好校园廉洁奉公文化基础。

参考文献

[1] 中共中央纪律检查委员会，中共中央文献研究室. 习近平关于党风廉政建设和反腐败斗争论述摘编 [M]. 北京：中央文献出版社. 2015.

[2] 李雪勤. 关于廉政文化和廉洁文化的理论探索和工作研究 [J]. 廉政文化研究，2022 (2)：3.

[3] 刘献君. 论文化育人 [J]. 高等教育研究，2013 (2)：1—8.

[4] 胡潇. 文化现象学 [M]. 长沙：湖南人民出版社，1991.

[5] [德] 马勒茨克（GerhardMaletzke）. 跨文化交流 [M]. 潘亚玲，译. 北京：北京大学出版社，2001.

[6] 钟明善. 中国传统文化精义 [M]. 西安：西安交通大学出版社，2001.

[7] 应国良. 差异与选择：文化视域中的公共领域合作 [J]. 中山大学学报，2009 (03)：169—176.

[8] 朱国云. 沙因的组织文化理论 [J]. 江海学刊，1997 (02)：50—54.

[9] 孙进．文化适应问题研究：西方的理论与模型[J]．北京师范大学学报，2010（05）：45—52．

[10] 田玲．文化理论的分析与批判及其在大学文化研究中的应用[J]．清华大学教育研究，2004（04）：12—19．

[11] 周生春，陈国营．审计文化的定义、结构及定位[J]．中国审计，2003（1）：48—52．

[12] 周生春，陈国营．审计文化的定义、结构及定位[J]．中国审计，2003（1）：48—52．

[13] 蒋国宏．中国传统廉政文化的软实力价值考量[J]．南通大学学报（社会科学版），2020（01）：25—31．

[14] 陈朝豹．审计文化建设：理论与实践[J]．审计研究，2004（6）：55—59．

[15] 王善平，宋艳．我国国家审计文化建设的内涵和路径研究[J]．审计与经济研究，2010（5）：12—18．

[16] 石爱中．寻绎审计文化[J]．审计研究．2005（01）：6—9．

[17] 余卫国．中华廉政文化的道德精髓和核心价值论析[J]．理论导刊，2013（07）：119—123．

[18] 童家飞．公平正义视角下的高校廉政文化建设谫论[J]．学校党建与思想教育，2017（9）：80—82．

[19] 余玉花，刘梦慈．论"育人"为目标的高校廉政文化建设[J]．华东师范大学学报，2016（4）：85—88．

[20] 陈平其．廉政文化建设的信仰培育与制度规范[J]．湖湘论坛，2018（2）：98—105．

发挥高校作用协同推进廉洁文化建设的苏州实践与思考

苏纪言

【内容摘要】廉洁文化是社会主义先进文化的重要组成部分，是实现干部清正、政府清廉、政治清明、社会清朗的基础所在。纪检监察机关在组织推动廉洁文化建设的过程中，应注重发挥高校的属性优势、资源优势和人才优势等，合力释放叠加效应。本文以近年来苏州纪检监察机关与学校协作协同推进廉洁文化建设的探索实践为切口，探讨新形势下如何更好地发挥高校作用，助力涵养良好政治文化，营造风清气正的政治生态。

【关键词】高校；廉洁文化；协同

坚定不移反对腐败，持续深化廉洁政治建设，是党的自我革命必须抓好的重大政治任务。2022年2月，中共中央办公厅印发《关于加强新时代廉洁文化建设的意见》，强调要把加强廉洁文化建设作为一体推进不敢腐、不能腐、不想腐的基础性工程抓紧抓实抓好，并对纪检监察机关的"组织推动"定位作出明确。[1]党的二十大报告进一步指出，要加强新时代廉洁文化建设，教育引导广大党员、干部增强不想腐的自觉，清清白白做人、干干净净做事。[2]在二十届中央纪委二次全会上，习近平总书记再次强调："要加强新时代廉洁文化建设，涵养求真务实、团结奋斗的时代新风。"[3]

廉洁文化建设是一项系统工程，需要各方面责任主体协同配合、统筹推进。近年来，苏州市纪委监委高度重视廉洁文化建设，充分整合纪检监察机关、在苏高校等各方力量，通过压紧压实各自责任，细化落实具体任务，汇聚廉洁文化建设的强大合力，取得了较为明显的成效，相关做法被《中国纪检监察报》等宣传报道。[4]实践表明，加强各方协作是深入推进新时代廉洁文化建设的现实需求和有效举措。如何进一步理顺各方关系，构建常态化的协作机制和路径，是持续深化纪校（纪检监察机关与学校）合作、合力推进廉洁文化建设需要重点研究和解决的课题。

一、纪委在组织推动廉洁文化建设中引入高校力量的现实意义

高校立身之本在于立德树人。党的二十大报告也指出，坚持为党育人、为国育才，全面提高人才自主培养质量。作为高端人才的聚集地、人才培养的摇篮，高校的文化属性和职责使命，必然要求其在廉洁文化建设中深度参与、广泛覆盖。

（一）高校是推进廉洁文化建设的重要责任主体

发挥高校在廉洁文化建设中的协同作用，既是筑牢廉洁防线，抵制和防止腐败文化侵入校园的现实需要，也是守牢主流思想阵地，以社会主义先进文化推动社会风气持续向善向好的重要举措。一方面，廉洁文化建设是推进教师廉洁从教、学生廉以修身的重要途径。相较于传统的灌输式说教、强制性规范，廉洁文化更注重以文化人、润物无声，在价值引导、行为约束、生

态净化等方面具有独特优势。以"党风、校风、学风"建设为切入点,将廉洁文化建设与优良校风、学风、作风建设贯通协同,以师生喜闻乐见的形式和载体传播廉洁文化,能够更好发挥廉洁文化的自律、教化、育人、感染、激励功能,引导广大教师以德立身、以行为范,帮助学生养成正确的价值观念和健康的道德情操,推动构建"个人、学校、社会"全链条的廉洁文化建设模式;另一方面,廉洁文化建设是涵养风清气正的政治生态和育人环境的重要内容。纪校协作、系统集成推进廉洁文化建设,有利于高校健全廉洁文化建设责任体系和运行机制,通过播放纪检监察机关制作的警示教育片、共同创建廉洁文化纪念馆、组建教育研学基地等方式,可以丰富校园廉洁文化建设的工作载体并拓展实践路径,推动清风正气、崇德尚廉在校园蔚然成风,提升高校治理腐败的整体质效和综合效能。

(二)高校有深入推进廉洁文化建设的丰富资源和学术优势

传统文化中的廉洁因子有着深刻的历史印记,不能简单采用"拿来主义",必须把握新时代廉洁文化建设规律,深入挖掘、深度提炼,取其精华、去其糟粕,与时俱进赋予其新的内涵意蕴和时代价值。高校是学术研究的高地,也是高端知识人才的集聚地,学术智力密集、研究力量雄厚,纪校协作可以充分整合利用研究资源,以学术研究为先导,引领推动高质量廉洁文化建设,不断丰富发展廉洁文化建设理论。各个高校在廉洁文化研究领域和方向上各有侧重、各有专长,探索建设贯通融合的廉洁文化理论研究学术平台,可以促进各个高校廉洁文化研究方面的学术交流和思想碰撞,推动形成一批高质量的理论研究成果,为全社会的廉洁文化建设提供理论支撑和智力支持。同时,也能有效引导各高校更加积极主动参与廉洁文化思想理论研究,在挖掘和传承中华优秀传统廉洁文化、科学总结廉洁文化建设实践成果、借鉴和吸收世界各国廉洁文化建设先进经验等方面加强研究力量的投入,进一步提升廉洁文化研究热度，推动廉洁文化研究不断繁荣发展。[5]

（三）纪校协作有助于形成廉洁文化建设叠加效应

当前，反腐败斗争形势依然严峻，滋生腐败的文化土壤依然存在。如何彻底铲除腐败滋生土壤，既是对我们党执政能力的考验，也是一场全党全社会价值理念的较量。强化纪检监察机关和属地高校的协同协作，各展其长、各尽其责，可以形成"1+1>2"的叠加效应，对于提高廉洁文化建设的针对性和实效性具有重要促进作用。一方面，纪检监察机关肩负着党风廉政建设和反腐败斗争的重要职责使命，[6]处在反腐一线，掌握"第一手"信息资料，可以为高校开展廉洁文化建设研究提供丰富的实践支撑，加大对腐败发生规律、文化诱因尤其是腐败价值观的研究力度，深刻揭示其产生根源及严重危害，形成以正压邪的舆论态势，更好凝聚社会廉洁共识；另一方面，发挥高校研究力量优势，立足属地实际，持续深化对腐败源头治理和清廉社会建设的规律性认识，可以帮助纪检监察机关进一步把准廉洁文化建设的着力点、关键点，通过及时引导、系统教育、重点强化，促进党员干部的廉洁价值意识从自发提升到自觉，不断筑牢"不想腐"的廉洁防线，更好发挥廉洁文化的净化和引导功能。

二、苏州纪检监察系统在纪校协作推进廉洁文化建设中的探索路径

苏州是高等教育重镇之一，高校数量多、覆盖学科领域广，有开展廉洁文化建设的先天优势。同时，苏州纪检监察机关与在苏高校协作推进廉洁文化建设的可追溯时间较长，工作基础良好。早在2009年6月，苏州市纪委、监察局就曾与苏州大学共同组建苏州廉政研究所，旨在发挥高校与地方的优势资源，推动苏州廉政建设与效能建设开创新思路、探寻新途径、构建新平

台、形成新机制，建立健全具有苏州特色的惩治和预防腐败体系。[7]随着党风廉政建设和反腐败斗争的形势发展变化，苏州廉政研究所逐渐被要求赋予新的时代功能。2016年3月，在省纪委监委的指导支持下，正式迭代升级为"廉石智库"。智库秉承"廉俭、厚德、正义、民善"的"廉石"精神，以高校专家为主体、各类监督专门人才、法律顾问（公职律师）为两翼，在融合苏州元素、具备廉石品质的基础上，重点发挥参谋智囊、决策咨询等作用，一体推进苏州廉洁文化研究、传承与发展。

梳理2009年至今苏州地区纪校协作的实践脉络，苏州纪检监察机关在发挥高校作用协同发力方面，有一条工作主线始终贯穿其中，即搭建一方平台，打造三个高地。

（一）发挥"廉石智库"平台功能，以品牌力量凝聚专业队伍

苏州市纪委监委致力于构建开放、竞争、流动的高校学者专家协作机制，智库成立至今，先后选聘127名高校以及相关机构中具有研究经验和专业水平的人员担任智库成员。队伍中，既有党建专业理论工作者，也有党务实践研究者，涵盖了党校、高校、专门研究机构等各方力量。在对各类人才的统筹调配中，坚持发挥专业优势，将其整合为政治理论、廉政教育、经济管理等10个研究团队，充分发挥咨政建言、理论创新、廉政教育等职能。廉石智库成立以来，先后聚焦完善"三不腐"一体推进体制机制、以四项教育夯基固本助力涵养苏州清廉社会生态等课题，为推动苏州党风廉政建设和反腐败工作高质量发展提供了坚强的理论支撑和智力支持。《中国纪检监察报》、《党风廉政建设》杂志、中央纪委国家监委内网信息等多次进行专题报道。

在推动"廉石智库"品牌建设的同时，苏州市纪委监委更加注重延伸专业化的研究触角。2021年，以苏州干部政德教育基地况公祠为依托，与苏州市职业大学签署合作协议，设立况钟研究会，目的在于深入挖掘苏州廉洁文化资源，丰富发展政德精神的思想内涵和时代价值，积极构建具有地域特色的廉洁文化阵地，持续探索新时代廉洁文化建设举措。

在加强与在苏高校深度合作的同时，苏州市纪委监委也注重发挥自身作用，推动在苏高校在廉洁文化建设方面形成合力。2023年，在苏州市纪委监委的支持参与下，苏州科技大学、苏州城市学院、苏州工业职业技术学院等八所高校合作撰写的《新时代大学生廉洁文化涵养》教材由南京大学出版社正式出版发行，借助思政课程，将廉洁文化教育与理想信念教育、纪法教育、警示教育有机衔接，充分发挥廉洁文化成风化人、润物无声的教育引导作用，让青年学生崇廉尚廉敬廉。与此同时，还以此次合作编纂书籍为契机，指导在苏高校成立"廉洁社团联盟"，筹划召开在苏高校廉洁文化建设研讨会，推动"大思政课"建设在在苏高校中身体力行。

（二）打造"借智用智"三个高地，以深度协作提升工作质效

实践中，苏州市纪委监委坚持问题导向、目标导向，发挥智库成员在理论研究、人才培养、学术交流等方面的优势，组织开展各类主题论坛、研讨会、专题辅导等活动，盘活用好各种智力资源，推动廉洁文化建设各项活动走深走实。

更高标准打造重点任务承接高地。立足廉洁文化建设的新形势、新任务、新要求，发动高校智库成员深度参与纪检监察机关组织开展的各类廉洁文化建设任务，通过专业授课、机动支援、集中研讨、邀请列席等方式，帮助解决廉洁文化建设推进过程中遇到的重点、热点及难点问题。比如，从智库廉政教育团队中抽调成员，参与建设融合时代、地区特征的苏州市党风廉政警示教育基地。会同苏州科技大学、苏州城市学院相关专家，深度走访、挖掘各类历史文化遗存并提出参考意见，协助建成全省首家干部政德教育基地况

公祠。[8]发挥专家学术科研优势,依托纪检监察学会、廉石智库等平台,邀请高校廉洁文化建设方面的专家来苏授业解惑,设立廉洁文化现场教学点,在"廉石网"开辟"实务答疑"专栏,共同加强实务问题研究。比如,在推进民营企业廉洁合规建设过程中,邀请清华大学廉政与治理研究中心教授专题辅导,协助吴江区从构建企业廉洁合规体系、护航民营企业"走出去"等维度深化探索,推动试点成立廉洁合规企业联盟。

更高标准打造学术研讨交流高地。探索建立了以业绩贡献为导向的评价机制和激励政策,鼓励专家对全域性、前瞻性、探索性的理论进行深度研究。比如,汇聚30余位苏州大市范围内的地方志专家和高校智库成员,举办家风建设学术研讨会,深入挖掘苏州家风的历史底蕴和亮点特色,与苏州地方志办公室、苏州大学联合将研讨成果编纂成《家国千年——苏州历史上的家风与家规》,该书获得苏州市道德模范·精神文明建设双"十佳"奖,并被中央纪委方正出版社推荐为文津图书奖候选书目。况钟研究会自成立以来先后组织开展了四次政德沙龙,每次邀请不同专业背景的高校专家参加沙龙并作主旨发言,多角度对况钟治理思想中的"为政以德"精神进行研究转化、总结升华。[9]与苏州职业大学合作编辑出版《廉洁文化研究》,在对况钟政德内涵系统性研究的同时,将视野拓展至江南乃至全国廉洁文化系列研究。

更高标准打造高校创新实践高地。在借助高校力量推进廉洁文化建设的过程中,也高度重视推动在苏高校的自身廉洁文化建设,深入开展清廉学校建设,推动廉洁文化与师德师风、校园文化建设有机融合。苏州科技大学持续着力打造"四结合三融入"廉政文化教育品牌活动,聚焦"清廉务实扬正气、奋楫实干谱新篇"等主题,举办四届"廉政文化建设月"活动,在全校营造崇德尚廉、风清气正、担当作为的浓厚氛围。苏州经贸职业技术学院将与苏州相关的清官廉吏事迹制作成宣传画框,镶嵌在校园半湖栈道边,供师生参观学习；打造"经贸青年说""半湖清风 漫画说纪"等网络文化品牌，引导师生传承红色文化和中华优秀传统文化。苏州工业职业技术学院每年开展"廉洁文化月"系列活动，相继举办"承古颂今"廉洁文化展、廉政电影周、校园廉洁文化优秀微视频、微动漫征集、评选等活动，营造出浓郁的校园廉洁文化氛围，让廉洁文化在校园各处"活"起来。

三、苏州纪校协作推进廉洁文化建设实践的几点启示

经过十余年的持续推进与探索，苏州纪校协作整体呈现出良好态势，取得了较为明显的实践效果，对苏州纪检监察工作高质量发展产生了巨大推力。在高校专家的智力支持和参谋辅助下，苏州市纪委监委围绕农村集体"三资"监管、政治生态监测评估、制度执行监督检查等5个主题开展探索研究，工作做法分别荣获第一、二、三届中国廉洁创新奖相关奖项，江苏省廉政与治理十佳成果奖等奖项，形成一批具有苏州特色的工作品牌。为进一步深化纪校协作，推动廉洁文化建设各项工作开花结果，结合实践中总结的经验，还应在以下几个方面加强探索。

（一）在各司其职中进一步增强双方合力

纪委监委作为党内监督和国家监察的专责机关，是党推进全面从严治党、开展党风廉政建设的专门力量，其工作职责之一就是推进廉洁文化建设，营造崇廉拒腐的社会氛围。[10]在与高校协同推进廉洁文化建设的过程中，纪委监委既要具体组织落实，更要牵头协调。高校是开展理论研究的主要阵地，要依托其雄厚的师资力量和深厚的学术背景，不断做深做实廉洁文化建设研究。注重根据时代要求和形势变化，有效整合学术资源，有条件的高校还可以探索组建马克思主义、党史党建等学科专业性廉洁文化、廉政理论研究力

二　廉洁教育

量，形成高质量研究成果。此外，在增强双方合力方面，纪委监委要主导廉洁文化建设的正确方向，根据一体推进"三不腐"要求，秉承标本兼治的原则，推动高校不同专业领域的学者开展跨学科交叉融合研究，围绕廉洁文化的概念、内涵、功能、定位、要素、路径、方法等基础性理论问题，深化对廉洁文化建设的规律把握和理论认知，构建廉洁文化的知识图谱和理论体系，完善廉洁文化体制机制建设，为工作实践提供更加精准有效的指导。纪委监委在接受指导的同时，也要不断检验并加强反馈，推动高校持续完善理论研究，实现理论发展与实践创新的"螺旋式上升"。

（二）在深化协作中进一步畅通沟通渠道

形成廉洁文化建设合力必须以高效有序的沟通协作机制为保障。纪委监委在与高校的合作中，要更加注重建立协同协作机制，实现双方取长补短、相得益彰。从现实情况来看，可从以下三个层次拓展：一是畅通纪校沟通渠道，建立健全纪校联络员制度、联席会议制度、信息交流制度和定期协商制度等，把纪检监察机关廉洁文化建设工作的实践和业务资源优势与高校学科教育、人才培养、科研攻关等优势有机整合，实现共建共享共赢。二是推动建立校际联系机制，通过组织学术研讨会、实地走访调研等形式，推动高校之间互相学习研讨，吸纳学理性强的内容要素、表现形式，拓展廉洁文化建设的深度和广度。三是牵头搭建高校与社科、宣传等部门机构的沟通联系平台，比如，组织推荐高校申报廉洁文化建设相关研究课题和社会科学基金项目，在畅通主办方、职能部门和高校多方联系渠道基础上，发动高校专家学者力量开展项目集中攻关，促进成果宣传交流和转化落地。

（三）在激发活力中进一步做到守正创新

习近平总书记强调，建设新时代廉洁文化，要以守正创新的正气和锐气，赓续历史文脉、谱写当代华章。[11]就纪校协作而言，一方面，要充分发挥高校师生思维活跃、开放包容的特点，推动其在廉洁文化建设的前沿领域探索创新，做到传承与突破齐头并进，为地区廉洁文化建设中走在前列、形成特色亮点提供智力支持。比如，引导高校挖掘中华优秀传统文化对当代廉洁文化建设的价值，科学总结地区廉洁文化建设成就，借鉴吸收其他各地有效做法，形成理论研究精品。另一方面，就廉洁文化建设本身而言，要更加注重廉洁教育方式方法的创新与提升。比如，用好用活地域历史文化资源，挖掘历史古迹、典籍文献中的廉洁精神遗存，整理古圣先贤、清官廉吏的嘉言懿行，推动中华优秀传统文化创造性转化、创新性发展。[12]用群众乐于接受的方式讲群众乐见的清廉故事，注重运用数字化技术成果传播廉洁文化，通过综合运用图文、音像、主题话剧表演、微电影、微视频和抖音等新媒体手段，提升廉洁文化的普及性和互动性，推动新时代廉洁文化蔚然成风、深入人心。

参考文献

[1] 中共中央办公厅印发《关于加强新时代廉洁文化建设的意见》[EB/OL]．(2022-02-24)[2023-08-28]．https://www.ccdi.gov.cn/toutiaon/202202/t20220224_174016.html．

[2] 习近平：高举中国特色社会主义伟大旗帜为全面建设社会主义现代化国家而团结奋斗——在中国共产党第二十次全国代表大会上的报告 [EB/OL].(2022-10-25)[2023-08-28]. https://www.gov.cn/xinwen/2022-10/25/content_5721685.htm．

[3] 习近平在二十届中央纪委二次全会上发表重要讲话强调一刻不停推进全面从严治党保障党的二十大决策部署贯彻落实 [EB/OL]．(2023-01-09)[2023-08-28]．http://news.cnr.cn/native/gd/sz/20230109/t20230109_526118735.shtml．

[4] 苏州以绣花功夫深入推进廉洁文化建设[EB/OL]．(2022-03-15)[2023-08-28]．https://v.ccdi.gov.cn/2022/03/14/VIDEqycufj6DfkKs9RsoFdQZ220314.shtml．

[5] 王晓琪．高校新时代廉洁文化建设实现路径研究 [J]．鄂州大学学报，2023，30(04)：9—11．

[6] 马森述．加强新时代廉洁文化建设高效释放一体推进"三不"叠加效能[J]．中国纪检监察，2022 (12)：40—41．

[7] 苏州廉政建设与行政效能研究所落户我校[EB/OL]．[2023-08-31].http://www.suda.edu.cn/suda_news/sdyw/200906/507B9CDA-CA0D-4B0A-BBF1-7200FF2C4D0C.htm．

[8] 深挖政德文化资源，江苏首家干部政德教育基地在苏州开馆[EB/OL]．(2020-04-16)[2023-08-29]https://www.163.com/dy/article/FABKV95N053469KC.html．

[9] 江苏首家政德教育基地"况公祠"正式开馆[EB/OL]．(2020-04-30)[2023-08-29]https://fzggw.jiangsu.gov.cn/art/2020/4/30/art_3968_9067595.html．

[10] 中共中央印发《中国共产党纪律检查委员会工作条例》[EB/OL]．(2022-01-04)[2023-08-28].https://www.gov.cn/zhengce/2022/01/04/content_5666380.htm．

[11] 宋德民．在守正创新中建设新时代廉洁文化[J]．中国纪检监察,2023（15）：10—11．

[12] 从优秀文化中汲取廉洁养分[EB/OL]．(2022-06-02)[2023-08-28].https://www.ccdi.gov.cn/yaowenn/202206/t20220602_196613_m.html．

铸就年轻干部成长之路可从"学史鉴今"起步
——以苏州知府况钟"乐为、敢为、善为、有为"的史实为例

庄剑英[1]

实现中华民族伟大复兴，关键在党，关键在人，归根到底在培养造就一代又一代可靠接班人。党的二十大报告指出："抓好后继有人这个根本大计，健全培养选拔优秀年轻干部常态化工作机制，把到基层和艰苦地区锻炼成长作为年轻干部培养的重要途径。"中国正处于实现中华民族伟大复兴的关键节点，培养选拔优秀年轻干部，事关党的事业薪火相传和长远发展，如果能"知古鉴今，以史资政"，发挥贤官廉吏的正向激励，汲取勤政爱民的文化滋养，复制史实案例的成功经验，可以少走弯路，缩短培养时间，快速而又源源不断地培养新时代的优秀年轻干部队伍。

一、做好新时代年轻干部队伍建设意义重大

（一）加强新时代年轻干部队伍建设是我党的一个永恒课题

我们党历来重视年轻干部的教育培养、选拔任用工作。早在延安时期，

---

[1] 庄剑英（1973—），女，江苏苏州人，苏州市职业大学纪委书记、副教授。主要研究方向为人文精神、生态文明及廉洁文化建设等。

我们党就提出"有计划地培养大批的新干部，就是我们的战斗任务"。20世纪60年代初，我们党提出了培养造就千百万无产阶级革命事业接班人的战略任务。改革开放后，党中央及相关部门召开多次专门会议、下发专门文件，安排部署培养选拔优秀年轻干部工作。1991年，下发了《中共中央关于抓紧培养教育青年干部的决定》，党的各级组织认真贯彻落实党中央决策部署，大力培养选拔德才兼备的优秀年轻干部。党的十八大以来，以习近平同志为核心的党中央着眼党的事业继往开来和国家长治久安的深远考虑，将年轻干部队伍建设放在治国理政、管党治党的突出位置，作为确保党和人民事业后继有人的战略之举，围绕如何培养造就高素质年轻干部队伍作出一系列重要论述，提出一系列新理念新思想新论断。

（二）打破论资排辈的晋升机制是焕发干部队伍生机活力的破局之举

对年轻干部要坚持创新制度和机制，在"公开、平等、竞争、择优"的原则下，建立年轻干部培养选拔责任机制、年轻干部考评机制、考核奖惩机制，建立后备干部动态管理机制，为年轻干部破土而出创造环境。鼓励拔尖人才，突破年龄资历门槛，为他们的破格晋升提供政策支持，让一些有能力、有素质，但经验和资历稍有欠缺的年轻干部提早走上合适的岗位，得到更好的锻炼。打破论资排辈的晋升机制要顶得住压力，经得起检验，让"能干者"上"躺平者"下，也要防止走入误区，年轻化不是"年青化"，更不是"低龄化"，而是要拥有年轻的心态、保持学习新鲜事物的热情和能力以及守正创新、敢闯敢试的精神。

（三）发现培养选拔年轻干部是优化干部队伍结构的必然过程

站在党的建设和发展高度，培养和造就事业的接班人，实现新老干部的合作与交替，优化干部队伍结构，提高领导班子整体素质与效能，这是历史赋予的责任。年轻干部的发现培养选拔，是一个单位能够充满活力、可持续发展的体现。只有充分相信年轻干部，给予他们能够发挥自身优势的平台与机遇，这样才能让年轻干部甩掉思想包袱，迅速成长，成为单位事业中的骨干分子。2023年10月，中共中央印发了《全国干部教育培训规划（2023—2027年）》，这是党中央着眼新时代新征程党的使命任务作出的重要部署，提出既要坚持把政治训练贯穿干部成长全周期，教育引导干部树立正确的权力观、政绩观、事业观，提高干部政治判断力、政治领悟力、政治执行力。又要开展履职能力培训，提高干部推动高质量发展本领、服务群众本领、防范化解风险本领。"选好苗""搭好台""引好路"，才能为优化干部队伍结构储备更多的"后浪力量"。

（四）深入基层锻炼是加速干部培养进程的重要途径

很多年轻干部从学校走进机关工作，履历简单，历练不多，从未独当一面处理过复杂事务，将年轻干部推向基层锻炼，可以快速提升他们的工作能力。因为基层是了解社会的窗口，通过这个窗口可以直接了解群众所想所思，更加深刻地理解人民群众的疾苦和需求，培养他们关心社会、关心人民的优良品格。同时，基层工作具有复杂性和挑战性，基层群众的认知程度参差不齐，但基层只能按大类设置综合部门，这就决定基层干部很多时候必须是"全科医生"和"急诊医生"，需要具备坚韧不拔的毅力和无私奉献的精神，快速提升自己解决问题的能力。在如何与群众沟通、如何处理复杂的人际关系方面，年轻干部还可以多用"乡情乡语"提升共情能力，做好组织协调工作和群众的思想教育工作，这些经验和技能不仅对年轻干部的个人成长具有重要意义，也对他们未来的职业生涯发展有着深远的影响。

二、开启年轻干部队伍建设的"学史鉴今"篇——以况钟为例

苏州况公祠里有一副对联，上联写的是："一肩行李，试问封建官场有

几"；下联写的是："两袖清风，且看苏州太守如何"。这副对联把明代著名清官况钟一生的特点概括得恰如其分，他立世有信念、心中有定见、行事有规则，把"为民、实干、清廉"的政德之美推向一个新高度，在600年的历史长河中璀璨如星，照耀着一代又一代后人。

习近平总书记在参加十二届全国人大四次会议黑龙江代表团审议时指出，"干部干部，干是当头的，既要想干愿干积极干，又要能干会干善于干，其中积极性又是首要的。"去年，习近平总书记在党的二十大报告中又再次指出"党员干部只有明大德、守公德、严私德，修好'政德'必修课，其才方能用得其所"。这些精辟语句深刻诠释了"干部干事""为官有为"的真谛。新时代年轻干部要牢记党和人民的嘱托，践行初心使命，要从况钟为官之道中汲取珍贵历史滋养，自觉以"乐为、敢为、善为、有为"之心铸就个人的成长之路。

（一）在"奋斗乐为"中坚守心系百姓情系民生的初心

况钟幼年时家境极为贫寒，7岁丧母，生活磨难和亲情缺失让他在成长路上始终持有悲悯之心，怀揣民生疾苦。当他第二次担任苏州知府时，恰逢连降暴雨，7000多顷良田被雨水淹没，大片房屋和堤岸倒塌，农民无米下锅，苦不堪言，况钟心急如焚，一方面积极组织救灾，另一方面开始考虑长效机制。灾后，况钟在苏州府设立了"济农仓"，用府衙的钱买来160万石粮食放在仓里，每到青黄不接或遇上灾荒，百姓们要没粮食吃的时候就开仓借贷或赈灾，凡借贷者，以后归还一律不收利息。从中我们可以感受到况钟"奋斗乐为"的公仆精神。广大年轻干部要深知自己的一言一行是人民群众了解、认识党和政府的形象窗口，要以强烈的使命感和责任心，始终以人民为中心，学会换位思考，体察百姓疾苦，以人民的满意度提升作为行动敲门砖。不但要心甘情愿地"把活干好"，更要主动"找活来干"，把"乐为"体现在以为民服务中，当群众之石，解百姓之忧。

（二）在"奋勇敢为"中提升直面困难强化担当的勇气

宣德五年（1430年），48岁的况钟以"廉能"被特选担任当时"天下第一剧繁难治"的苏州太守之职。其实两年前，况钟就已经知道自己可能被选派到苏州府，当时苏州"浮额重役"和"吏治腐败"两大难题已是官人皆知，躲而避之，但况钟直面困难迎难而上。也许有人要说况钟被宣宗皇帝朱瞻基委以重任无法推脱，但以况钟的聪明才华若要扭转乾坤也还是有可能的，但况钟欣然接受。他初至苏州，给自己写了一则座右铭："卑而不可不牧者，民也；迩而不可不察者，吏也；严而不可不调者，刑也；微而不可不崇者，德也。不植其德，难施乎刑。不施乎刑，难以正吏。不正乎吏，民曷由安之？"可见，内心已做好了攻坚克难的准备。从中我们可以感受到况钟"奋勇敢为"的担当精神。党把某个干部放在一个合适的岗位上，就是要干部担当做事，解决困难的，从来都不是来享福的。尤其是青年干部，更要主动请缨，到祖国最需要的地方去。青年兴则国家兴，青年强则国家强，青年成长则国家成长。只有俯下身子，以"明知山有虎，偏向虎山行"的气魄勇敢作为，"身入"基层、心入基层，真练真干真磨、真听真学真悟，耐得住寂寞，守得住清贫，挡得住诱惑，才能在新时代写好"担当"二字！

（三）在"奋进善为"中磨炼务实创新臻于至善的本领

况钟到任后，全身心投入解决苏州府的疑难杂症。一是强韧之劲。当时明王朝全年税粮十分之一出自苏州一府，比浙江全省还多5%，致使百姓难以承受，逃民"接踵而去，不复再怀乡土"，留下大片荒废的土地无人耕种，更是雪上加霜。为此，况钟开展深入调查研究，仔细甄别统计官田和农田，一次又一次上书奏章申请免税粮，把个人的前途和生命，都置之度外，整整用了两年时间才最终说服了宣德皇帝，使苏州每年减税粮70多万石。二是迂回之术。况钟故作昏聩，事务皆让狡吏滑胥操纵，自己则暗暗查核，属吏大喜，说太守愚昧容易欺骗，一个月后，他当堂出示罪证依律杀了六名奸吏，之后又趁热打铁，一连弹劾处理了10多名碌碌无为的庸官和贪污犯罪的官员。后世赞道："能生能杀道兼有，西门豹后况太守"。从此，苏州府的吏治终于开始好转。三是圆融之情。有一年苏州府衙不慎失火，所有的公文烧毁殆尽，造成失火的府吏感觉自己死罪难逃，没想到况钟只是把府吏打了100杖，之后把所有的责任都揽到了自己身上，最后况钟被罚扣掉薪俸，府吏却得以保全。此外，况钟和以"三杨"内阁为首的朝廷官僚系统保持良好的互动关系，使他在治苏时很少受到掣肘。至此，况钟上有朝廷的大力支持，下有府吏随从的全力推进，其大刀阔斧、臻于至善的改革之风才能如火如荼进行下去。从中我们可以感受到况钟"奋进善为"的巧干精神。这是能力、方法、情商等多方面作用的结果，如果本领不强，即便你乐为、勇为，到头来也有可能事与愿违、瞎忙一场。所以，广大年轻干部要善于抓住矛盾问题的"牛鼻子"，勇于化解利益纠纷的"卡脖子"，精于突破推诿扯皮的"肠梗阻"，在务实创新中提升解决问题的能力，才能中流击水、破浪前行。

（四）在"奋拔有为"中弘扬德位相配榜样引领的力量

正统七年十二月，况钟积劳病逝，噩耗传来，苏州一府七县乃至松江、扬州、常州、嘉兴、湖州等地群众成千上万哭奔而来，整个苏州城凄风苦雨，全城罢市，万民齐泣。况钟主政苏州创造了3个"最"，一是连任时间"最长"。况钟在苏州一连做了三任知府，每次任满，全苏州的百姓都挽留他，"三离三留"传佳话，连任时间长达13年。二是官衔级别"最高"。况钟治苏9年任满，照例要迁升，而当地官民2万多人联名请求况钟留任，经明英宗准奏，况钟以正三品按察使衔留任苏州知府，按照当时苏州府在全国的行政地位，太守只能是正四品，这可是明朝开国70多年来都没出现过的规格和礼遇，也开创了低职高聘的先例。三是青天传奇影响"最远"。况钟后来与同朝代的"海青天"海瑞及前朝北宋的"包青天"包拯,并称中国民间的三大青天,海瑞也由衷地敬赞况钟"胜作十年救时宰相"。"有明一代,一人而已。"这是《明史》给况钟的至高评语。后世在江苏苏州、江西靖安等地纷纷设祠安堂,将况钟"两袖清风"的精神发扬光大。从中我们可以感受到况钟"有为有位"的榜样力量。在我们身边要警惕一些为官不为、消极懈怠的"二传手"干部,表面看上去努力和繁忙,实际上以机械死板的方式照搬照抄,或者总是埋怨自己职务不高权力有限。事业说到底是干出来的,理想和现实之间的距离总是需要实干的脚步去消弭。"有为才有位",这位置是每个干部实干取得的,既包括职务岗位更包括在人民心中的地位。坚持有为才有位,就是突出实干实效,让那些想干事、能干事、干成事的干部有机会有舞台,否则人岗不适、德位不配,终究会被社会淘汰,何来嘉奖或颂歌?

三、结语

站在新时代新起点上,况青天的传奇故事和不朽精神给了所有年轻干部一盏明灯,"乐为"的情怀、"敢为"的作风、"善为"的能力和"有为"的境界,是每个干部成长路上深学细悟笃行的必修课,只有筑牢理想信念根基,深刻明悟"学史鉴今""位从为来"和"智从知来",练就过硬本领,发扬担当和斗争精神,在本职岗位上创先争优、勇于挑担子、善于扛责担当,面对困难顶住压力,一定可以为中国式现代化的苏州实践贡献自己的一份力量。

三 家风家训

家风教育在"清廉高校"建设中的实践探索

——以苏州工业职业技术学院为例

魏影[①]

【内容摘要】"清廉高校"建设是新时代高校全面从严治党的有力抓手，是落实立德树人根本任务，办好人民满意高等教育的重要保障。家风教育是清廉教育的重要组成部分，在"清廉高校"建设中发挥着重要作用。苏州工业职业技术学院注重顶层设计，创新传播形式载体，将家风教育融入干部教育培养、师德师风建设、大学生思想政治教育和校园文化建设，以清廉家风推进"清廉高校"建设，营造风清气正的育人生态环境。

【关键词】家风教育；"清廉高校"建设；实践探索

习近平总书记在二十届中央纪委二次全会上强调："要在不想腐上巩固提升，更加注重正本清源、固本培元。加强新时代廉洁文化建设，涵养求真务实、团结奋斗的时代新风。"[1]家风建设是廉洁文化建设的重要内容，是涵养

基金项目：本文系江苏省教育科学十四五规划课题《以师德师风建设为引领的新时代高校教师队伍发展研究——以职业院校为例》（课题编号：D/2021/03/132）的阶段性研究成果。

① 魏影（1970—），女，江苏苏州人，苏州工业职业技术学院纪委书记，研究员，硕士。研究方向：职业教育管理、高校基层党建、纪检监察。

良好党内政治生态和社会清廉氛围的重要保障。对于高校来说,家风建设是推动国家发展、社会和谐、培养担当民族复兴大任的新时代高素质人才的重要途径,是高校落实立德树人根本任务的有力抓手,应积极探索推进党风、师风、家风一体化建设,以家风教育涵养清正校风、教风、学风,推进清廉高校建设。

一、家风教育对"清廉高校"建设的重要意义

(一)家风教育的内涵

家风是一个家族代代相传沿袭下来的体现家族成员精神风貌、道德品质、审美格调和整体气质的家族文化风格。家风对家族的传承、民族的发展都起到重要影响。[2]家风教育是建立在中华文化之根上的集体认同,是每个个体成长的精神印迹。

家风是中国传统文化的重要内容,家国情怀是历代仁人志士优秀家风的体现,如岳母刺字、陶母教子等。中华民族历来重视家庭家教家风建设,优秀家风传承成为中华文明的重要组成部分。在中华传统文化中蕴藏着丰富的家风文化资源,有许多家谱、家训、家书的优秀成果流传至今,如《颜氏家训》《袁氏世范》《家范》《朱子家训》《曾国藩家书》等,这些典籍真实记载了各个历史时期、各个家族的家风内容以及传承情况。中华优秀传统家风表现形式多样,有家训、家规、家声、家法等多种形式,涉及的领域十分广泛,包括:勤俭修身、守法治家、教子向善、仁爱礼让等方面。[3]红色家风是老一辈无产阶级革命家在残酷的革命斗争环境中,从中华民族优秀家风家训中汲取养分,忠诚于党,以身作则,为世人留下的宝贵精神财富,主要包括信仰坚定、以民族大义为先、舍生取义、忧国忧民、迎难而上等重要内容,是

革命时期中国共产党创造的革命精神，同时也是中华儿女在改革和建设时期展现的奋斗精神。更是全国人民在党的领导之下创造中国奇迹、战胜自然灾害、为实现中华民族伟大复兴而形成的团结精神、创造精神和梦想精神。

（二）"清廉高校"建设目标

打造"清廉高校"，旨在将廉洁要素融入治校全方面、治教全过程、治学全环节，包括坚定正确的政治方向、完善学校治理体系、规范关键领域重点环节管理、规范日常教学管理行为、加强师德师风建设、加强学生思想政治教育、强化作风建设、营造清廉校园文化氛围等各方面；通过建设"清廉高校"，积极营造干部廉洁从政、教师廉洁从教、学生廉洁从学的良好教育教学环境，保证各项工作规范有序开展，推进学校事业的高质量发展。建设"清廉高校"是高校纵深推进全面从严治党，建设风清气正教育生态，推动高等教育事业健康快速发展的现实需要；也是建设良好师德师风环境、落实立德树人根本任务的必然要求，为涵养高校良好政治生态和育人环境提供了重要保障作用。

（三）家风教育有效推进"清廉高校"建设

优秀家风凝聚着古代先贤与革命前辈治家的智慧，涵盖了对子孙万代立身处世原则的训诫，是中华民族绵延赓续的重要精神支柱，蕴含着廉以养德、廉洁修身、廉洁齐家等优秀的价值观念，对强化师生廉洁意识、塑造廉洁品行发挥着重要作用。

1. 家风教育是涵养大学生品德修养的重要内容

优秀家风是精神健康成长的重要源头，中华优秀家风是传承我国主流道德文化的载体，在新的历史条件下强化家风教育，是大学生思想政治教育的重要突破口。家庭教育是政治教育和思想道德教育的起点，通过家风教育将中华优秀家风融入大学生思想政治教育，可以丰富思政教育内容，通俗易懂、贴近生活，更加符合大学生的心理预期；优秀家风也体现了社会主义核心价值观在高校的具体实践，通过优秀家风引导，使诚信、守礼、友善、爱国等优秀的理念内化到大学生的思想理念之中，融合进大学生的日常学习生活之中，使大学生自觉养成优秀道德品质，向标杆人物看齐，与国家发展同向同行。家风教育与高校思政教育相融合，提升了思政教育效果。

2. 家风教育是加强师德师风建设的重要手段

高校教师处于高等教育教学工作第一线，既是以廉立身的标杆，也是以廉治教的主力军。将家风教育与师德师风建设相结合，可以让广大教师从家庭场景、家教传承、家风涵养等各方面，学习体悟中国历代先贤、革命先辈、先进模范的家风家教故事，使教师直观而深入地体会德高为师、身正为范、教书育人、严谨治学等价值，增加教师对清廉家风的认同感，在教育教学过程中传播清廉家风，推进廉洁从教、向上向善的师德师风建设。

3. 家风教育是强化作风建设的有效举措

家风联系着党风政风，良好的家教家风对于涵养风清气正的党风政风具有重要意义。中共中央办公厅印发的《关于加强新时代廉洁文化建设的意见》中指出，要培养廉洁自律道德操守，引导领导干部明大德、守公德、严私德，把廉洁要求贯穿日常教育管理监督之中，把家风建设作为领导干部作风建设重要内容。[4]高校党员干部的言行品德展示了其作风与形象，将家风教育融入作风建设，能帮助高校党员干部坚定政治信仰，树牢理想信念。将遵守生活纪律、强化法治思维体现在家庭家教家风建设中，将规矩和监督从家庭开始，可以起到防微杜渐的作用，帮助高校党员干部有效抵御贪腐之欲；推进勤政务实、敢于担当、清正廉洁的干部作风建设，推动高校各项工作有效落实。

4. 家风教育是推进全面从严治党的重要抓手

党的十八大以来，习近平总书记围绕家庭家教家风建设作出系列重要论述,他强调指出:"家风是社会风气的重要组成部分。""广大家庭都要弘扬优良家风,以千千万万家庭的好家风支撑起全社会的好风气。"[5]家风建设是党员干部的终身课题。高校加强家风教育,大力弘扬优良家风,将中华民族一以贯之的家庭美德熔铸于高校师生的心灵,融入党员干部的日常工作学习生活,厚植清廉文化、培育清廉风尚,使广大党员进一步巩固与强化自身政治素质和思想觉悟,培育良好的价值观、道德观,锤炼坚强党性,接受风浪考验,继承和弘扬党的优良作风,以优良的党员干部形象对学校师生产生强大的示范和带动作用,家风教育在高校全面从严治党中发挥了重要抓手作用。

二、家风教育当前在"清廉高校"建设中的问题

当前,很多高校都能够落实党风廉政建设要求,注重廉洁文化建设,以家风教育为抓手,深入推进廉洁文化建设。但是,高校的家风教育仍存在一些问题,家风教育在清廉高校建设中的作用还没有很好发挥。

(一)对家风教育的重要作用认识有待进一步提高

有部分高校没有充分认识文化育人和文化反腐的重要意义,对家风教育对于清廉高校建设的推进作用认识不足,没有真正把家风教育融入管党治党、办学治校、立德树人各方面全过程;有的高校干部认为家风是封建社会的产物,不足以影响新时代干部的思想;部分党员干部认为工作和家庭是两个不同的环境,家风教育只适用于家庭建设,不会对党风政风产生那么大的影响,更不会对高校的思想政治教育、师德师风、清廉校园建设产生什么影响;有的干部认为党风廉政建设是高校纪检监察部门的工作,和自己关系不大,很少主动了解和参与廉洁文化宣传教育工作,忽视了家风建设,没有从思想认

识上重视家风教育。

（二）高校对家风教育缺乏顶层设计

家风建设是廉洁文化建设的基础性工程，目前高校一般是纪检部门在开展家风教育，缺乏统筹推进，有的高校还没有将家风建设作为一项政治工程、系统工程来重点推进，还没有形成学校党委统一领导，纪委牵头，组织部、宣传部、学生处、团委和各基层党组织联动协同、共同推进的廉洁文化宣传教育格局。对家风教育缺乏顶层设计，没有规划好推进宣传教育的布局和路径；对家风教育的资源挖掘、宣传阵地建设、活动形式创新等方面都缺少有效举措。一些高校没有将家风教育纳入学生思想政治教育课程，缺少研究家风教育的师资力量，对师生的家风教育显得零散而不系统。

（三）家风教育的形式载体创新不够

目前高校中廉洁文化宣传教育的方式单一，主要通过校园网、学校官微、广播站和展板等形式来开展教育引导，传统的、流于表面的宣教模式难以吸引师生的关注；家风教育的活动载体和手段老套，一般采取召开座谈会、征文书画展、参观廉洁展览等形式，没有充分利用新媒体，探索与艺术、表演、漫画、学生社团活动等相结合的生动活泼的形式途径，缺少沉浸式互动式的宣传教育方式，师生无法形成共鸣，达不到应有的教育效果。家风教育缺乏针对性，停留于价值层面或宣传层面，在高校没有形成实践价值，还没有形成影响大、效果深入、作用广泛长久的高校家风、党风建设的精品文化项目。

（四）家风教育的体制机制不够健全

在组织层面上，廉洁文化建设的领导体制和工作机制还不够健全，目前在高校大多属于"自发"阶段，一些高校没有将家风教育纳入党风廉政建设、廉洁文化建设的重要内容，往往认为这是高校纪委的工作，各部门配合程度不高；有的高校纪检监察部门也是想到了搞个活动，没有系统推进，达不到教育的目的。在工作机制上，虽然明确了高校相关部门在廉洁文化建设中的职责与分工，但是一些高校的职能部门往往被动应付，没有纪委的督促推动，就很少主动去抓各自部门承担的廉洁文化和家风教育工作，很多时候高校纪委处于"单打独斗"的尴尬状态。在保障机制上，家风宣传教育人力、财力保障不足，高校纪检部门缺乏懂宣传会宣传的干部、家风教育的考核机制不健全等问题都影响了家风教育的效果。

三、高校将家风教育融入清廉高校建设的探索与实践

党的二十大报告指出，"加强新时代廉洁文化建设，教育引导广大党员、干部增强不想腐的自觉"[6]，高校要将廉洁文化厚植于家风家教中，以清廉家风建设助推清廉高校建设。苏州工业职业技术学院是中国特色高水平高职学校和专业建设单位，学院党委深入学习贯彻党的二十大精神和习近平总书记关于注重家庭家教家风建设的重要论述，高度重视家风建设的育人功效，以"清廉苏工院"建设为抓手，依托"廉风洁雨"廉洁文化品牌，系统谋划开展清廉家风主题系列活动，将家风教育融入干部教育培养、思想政治教育、师德师风建设、校园文化建设，以清廉建设涵养风清气正育人环境。

（一）强化顶层设计，统筹推进清廉高校与家风建设

高校的使命在于立德树人，以清廉教育推进清廉高校建设，要加强顶层设计，把清廉教育融入管党治党、办学治校、立德树人各方面全过程。苏工院党委切实落实主体责任，坚持系统思维、统筹谋划，构建党委统一领导、纪委组织协调、职能部门协同配合、基层党组织齐抓共管、广大党员干部和师生广泛参与的清廉学校大格局。充分认识家风建设是高校全面从严治党的

重要基石，深刻把握弘扬清廉家风宣传教育的重要意义，制定出台学校《关于加强新时代廉洁文化建设打造"廉风洁雨"廉洁文化品牌的实施意见》，将家风建设列入清廉学校建设的重要任务清单，纳入日常监督谈话，高标准、严要求推进。把廉洁文化建设纳入党风廉政建设考核细则，列入学校内设部门负责人年度述职内容。在有关主题活动开展上细谋划、下功夫，通过参观一处家风教育馆，聆听一堂廉洁主题党课，组织一场家风警示教育活动，选送一本红色家训文化图书，组织一次家风座谈会等方式开展"五个一"家风教育活动，使中华优秀传统家风和红色廉洁家风在师生思想政治教育中发挥重要作用，把对党忠诚纳入家庭家教家风建设，增强廉洁修身、廉洁齐家的思想自觉和行动自觉，夯实清正廉洁思想根基。

（二）坚持立德树人，将家风教育融入干部教育培养

家风连着党风政风，要把党员干部廉以修身、廉以从业、廉洁用权纳入学校管理制度和干部行为准则，使清廉家风建设从口头倡议转化为明确职责，推进党风廉政建设制度化、规范化。学校党委通过学校"廉风洁雨"网、廉洁文化宣传教育平台，为党员干部提供廉洁家风教育资源；通过"三会一课"、党日活动组织党员开展廉洁文化和清廉家风学习；在党员中开展廉洁思想大讨论、"走馆访廉"寻廉史活动和沉浸式家风主题廉洁党课，在干部培训中专门设置党风廉政教育课程；学校各级党组织与地方、企业结成"廉洁伙伴"，在"家风馆"建"廉政教育基地"；经常性组织学校干部和党员教师学习家风家训故事，将优良家风的深刻内涵渗透于学校管理、教学科研、后勤服务和校园文化等各个方面。学校纪委向干部及家属赠送《红色家规》廉洁家风书籍，组织一同参加家风主题活动，开展家风座谈，同上廉洁党课等；通过各种教育活动，多形式家庭助廉，涵养新时代高校党员的良好家风，将廉洁理念和廉洁操守转化为廉洁从政、廉洁治校的价值准则。

（三）聚焦教育倡廉，将家风教育融入师德师风建设

教师是清廉学校建设的主力军，教师的道德、才学、作风、素养和治学状况决定了清廉学校建设的水平。在师德师风建设中，将家风教育融入教师教育、学科专业、教学实践，全面营造清正师风教风。学校纪委向全校党员干部和师生发出《廉洁倡议书》；举办廉洁教育主题活动，评选"我最喜爱的老师"，挖掘教师家庭的家风故事，以范仲淹、钱穆等家训故事，以身边人、身边事引导教师崇廉尚洁。开展家风警示教育，向全校教师发放《警示教育案例汇编》，使广大教师从案例中吸取教训，以案为鉴、自警自省。通过家风教育带动作风建设和师德师风，使干部们更有担当意识，教师更注重教学规范，管理人员更主动服务，以优秀家风推动师德师风持续向上向好。

（四）涵养品德素质，将家风教育融入学生思政工作

廉洁家风体现了社会主义核心价值观在学校的具体实践，高校要充分挖掘利用地方优秀传统文化资源和红色文化资源，以"传统文化＋红色文化＋廉洁文化"，将优良家风教育融入大学生思想政治教育，推动建设"清新学风"。苏工院依托"廉风洁雨"廉洁文化品牌，开展校园廉洁文化系列活动10多项。各党总支在新生入学教育中开讲"廉洁第一课"，让清廉家风的"种子"在学生们的心中扎根；校纪委向学生发放《廉洁文化教育读本》，联合校党委宣传部、学生工作部、团委开展讲红色廉洁故事、家风家规情景剧展演、廉洁主题漫画展等活动，同学们在学、讲、演、赏中加深了对清廉家风的认识。聚焦时代新人发展需求，深化"三全育人"改革，将清廉文化融入学生社区建设，在学生一站式社区建设"廉洁文化站"，深入学生宿舍开展家风教育，聘任有特长的优秀学生担任廉洁文化宣传员，组建"清风"学生廉洁社团等，通过优良家风与思政教育有机融合，以家风带动学风、促进校风，使中华优秀传统家风和红色廉洁家风在学生思想政治教育中发挥重要作用。

（五）创新传播载体，将家风建设融入校园文化建设

落实党的二十大精神，推进新时代廉洁文化阵地建设，将家风教育作为校园文化建设的重要内容。学校打造"一园、一桥、一专栏、一平台、一课堂"的廉洁文化宣传阵地，注重融廉于景、以文化人。以校园主干道、南"廉政之园"、北"勤廉文化桥"、一站式学生社区为主阵地，各党总支廉洁文化活动室、宣传栏、文化墙等为分阵地，设置宣传"廉""法"的廉洁景观，布置苏州古代廉吏故事和红色文化宣传板块；开设"廉风洁雨"专栏，打造智能数字化廉洁文化展示平台，开展集音频、图片和文字于一体的家风故事宣传。各党总支建设"一单位一特色"廉洁文化宣传阵地，在办公楼、教学楼、学生宿舍，因地制宜开展家风主题文化宣传。以廉洁党课、校企廉洁课堂、廉洁思政课堂等形式，将课堂延伸到红廉主题、家风家教、名人名贤等各类教育阵地，全方位、多层次、立体化推进家风教育，推动清廉校园文化建设。

参考文献

[1] 在二十届中央纪委二次全会上发表的重要讲话 [EB/OL]．(2023-01-09) / [2023-12-15]．https://zgjjjc.ccdi.gov.cn/bqml/bqxx/202301/t20230118_242528.html．

[2] 胡国光，邵文娥，何散芬．新时代高职院校领导干部家风建设创新路径探析 [J]．宁波职业技术学院学报，2017（12）：26—30．

[3] 郑秀芹，毛维国，李萍．优秀家风视域下大学生思政教育路径探析 [J]．河南广播电视大学学报，2018（7）：80—85．

[4] 中共中央办公厅．关于加强新时代廉洁文化建设的意见 [N]．人民日报，2022-02-25（01）．

[5] 习近平著作选读（第一卷）[M]．北京：人民出版社，2023：544—548．

[6] 习近平．习近平在中国共产党第二十次全国代表大会上作的报告：高举中国特色社会主义伟大旗帜，为全面建设社会主义现代化国家而团结奋斗 [N]．人民日报，2022-10-16（1）．

社会主义核心价值观融入新时代清廉家风建设路径探析

于佳[①]　李梦灵[②]

【内容摘要】 新时代清廉家风是指家庭要有清正廉洁的家庭风气，强调家庭成员之间相互尊重、信任、支持和廉洁自律，注重家庭和谐、文明、进步，体现了社会主义核心价值观和中华民族传统美德的有机结合。社会主义核心价值观融入新时代清廉家风建设既是对清廉家风建设困境的时代回应，也是为新时代清廉家风建设提供精神指引。社会主义核心价值观融入新时代清廉家风要坚守一个初心、把握双向耦合、符合三重法则、涵育四种观念，充分发挥党的全面领导、长辈言传身教、关键少数示范、网络前沿阵地的合力作用，从而充分彰显新时代清廉家风对实现中华民族伟大复兴中国梦的重要价值。

【关键词】 清廉家风；社会主义核心价值观；家风建设；新时代

基金项目：本文系教育部人文社会科学研究青年基金项目"社会主义核心价值观融入新时代家风家训培育研究"（22YJC710084）；江苏高校哲学社会科学研究一般项目"马克思辩证差异观视域下思想政治教育的创新研究"（2022SJYB1451）的阶段性成果。江苏省社会科学基金课题青年项目"马克思辩证差异观视域下共同富裕研究"（22ZXC002）（主持人：于佳）。

① 于佳（1993.3—）女，黑龙江哈尔滨人，法学博士，哲学博士后，苏州大学马克思主义学院讲师，硕士生导师，苏州大学中国特色城镇化研究中心研究员，江苏省习近平新时代中国特色社会主义思想研究中心特约研究员，主要研究方向：社会主义核心价值观与家风家训研究。

② 李梦灵（2001.10—），女，四川宜宾人，苏州大学马克思主义学院硕士研究生，主要研究方向：思想政治教育。

构建新时代清廉家风是中华民族传统美德的重要组成部分，也是新时代中国特色社会主义文化的重要组成部分。构建新时代清廉家风是指家庭要有清正廉洁的家庭风气，强调家庭成员之间相互尊重、信任、支持和廉洁自律，注重家庭和谐、文明、进步，体现了社会主义核心价值观和中华民族传统美德的有机结合。习近平总书记指出："家庭是社会的基本细胞，是人生的第一所学校。不论时代发生多大变化，不论生活格局发生多大变化，我们都要重视家庭建设，注重家庭、注重家教、注重家风，紧密结合培育和弘扬社会主义核心价值观，发扬光大中华民族传统家庭美德。"[1]这深刻启示着，构建新时代清廉家风，不仅是对每个家庭成员的道德要求，更是对整个社会的责任担当。因此，我们有必要深入探讨社会主义核心价值观如何融入新时代清廉家风建设，以推动家庭和谐、社会进步，提升我国的文化软实力，为实现中华民族伟大复兴做出新的贡献。

一、社会主义核心价值观融入新时代清廉家风建设的逻辑理路

"加强新时代廉洁文化建设，应在注重家庭家教家风上下功夫。"[2]新时代清廉家风的构建是全面从严治党的微观组成部分，是对当前贪污腐败现象多发、对清廉家风重视力度不够等问题的时代回应，将社会主义核心价值观融入新时代清廉家风建设可以为新时代清廉家风建设提供精神指引，从而推动国家富强和民族复兴。

（一）现实逻辑：对清廉家风建设困境的时代回应

建设新时代清廉家风是对当前仍顽固存在的不正之风等腐败现象和问题的积极回应。《关于加强新时代廉洁文化建设的意见》中明确指出："要培养廉洁自律道德操守，引导领导干部明大德、守公德、严私德，把廉洁要求贯穿

日常教育管理监督之中，把家风建设作为领导干部作风建设重要内容。"[3]家庭是人生的第一所学校，作风问题实质上是家风出了问题，从而产生贪腐路上的"父子兵""夫妻档""兄弟连"。尽管，新时代以来我国反腐败斗争卓有成效，但清廉家风建设仍在家庭、家教、家风层面存在着困境和难题。其一，清正廉洁的家庭氛围需要全社会的共同努力，形成价值共识。传承好家风要"以千千万万家庭的好家风支撑起全社会的好风气"。[4]然而，当前部分家庭在亲情关系上显得淡薄，清廉家风的传承也出现了缺失和空白。营造清正廉洁的家庭氛围，需要凝聚价值共识，从细节做起，家庭的成员相互关爱、互相尊重，注重培养孩子的品德教育，让他们从小就懂得什么是廉洁、什么是正直。其二，家庭教育中的清廉观念仍亟待加强。当前部分家庭教育中缺失清廉家风观念的有效熔铸，对廉洁、自律等概念理解不足，导致很多家庭在孩子的成长过程中，没有充分重视廉洁观的培养和引导，甚至把对孩子世界观、人生观、价值观的教育"打包"推给学校，造成少数学生在成长中受到不良社会风气的影响而走上错误之路。其三，对清廉家风家训构建的重视程度仍有不足。家风家训是一个家庭的精神支柱，是孩子们道德品质形成的基石。通过清廉家风家训的熔铸，孩子们可以学会正直善良、诚实守信、勤奋努力等重要的道德品质。然而，当前家庭中普遍存在着重智轻德的现象，以考试成绩论英雄，从而忽视了清廉家风家训对孩子德性的隐性影响作用。由此可见，目前所存在的诸多困境表现出当前我国清廉家风构建效果欠佳。在全面从严治党的背景下，新时代清廉家风建设需要将社会主义核心价值观融入其中，以社会主义核心价值观为引领，加强家庭教育、培养良好品德、传承优良传统、营造风清气正的家庭氛围，推动新时代清廉家风的传承与发展。

（二）价值逻辑：为新时代清廉家风建设提供精神指引

社会主义核心价值观融入清廉家风建设可以为新时代清廉家风建设提供

精神指引，表现在社会主义核心价值观与清廉家风的内在契合性，以及社会主义核心价值观与清廉家风的良性互动这两个方面。一方面，社会主义核心价值观与清廉家风具有内在契合性。社会主义核心价值观倡导的爱国、敬业、诚信、友善等价值准则和道德规范，为清廉家风的培育提供了思想基础和文化土壤。家庭是社会的基本细胞，是人生的第一所学校。良好的家庭教育是培养良好品德和社会责任感的基础。社会主义核心价值观融入清廉家风，能够引导家庭成员树立正确的世界观、人生观和价值观，增强廉洁自律意识和社会责任感，从而形成以清正廉洁为核心的家庭文化。同时，清廉家风也是社会主义核心价值观在家庭层面的具体体现。清廉家风强调家庭成员之间的相互关爱、相互监督、相互教育，以保持家庭的和睦与幸福。这种家庭文化能够潜移默化地影响家庭成员的言行举止，培养他们的高尚品德和廉洁意识。同时，清廉家风还能够促进家庭成员之间的相互信任和尊重，增强家庭的凝聚力和向心力。另一方面，社会主义核心价值观与清廉家风建设在理论与实践上的良性互动。在理论上，社会主义核心价值观和清廉家风都指向于构建和谐的社会氛围，所以社会主义核心价值观和清廉家风有共同的精神意蕴和文化内涵，深挖我国清廉家风建设的历史渊源和时代表达可以为社会主义核心价值观的融入提供切入点，从而更好地促进社会对社会主义核心价值观的认同、培育与践行。在实践上，社会主义核心价值观和清廉家风的建设都需要立足于现实生活，其中清廉家风是理解社会主义核心价值观的重要载体，即可以通过家规、家训等物质载体的形式，在实践中落实社会主义核心价值观的精神内核。当前，践行清廉家风对党员干部和人民群众摒弃拜金主义、享乐主义、奢靡之风等思想有着精神引领作用。由此可见，清廉家风的推行对个人的清廉自律养成、社会的风清气正氛围、国家的文化自信增强、并统筹推进中华民族伟大复兴战略全局和百年未有之大变局具有十分重要的意义。

二、社会主义核心价值观融入新时代清廉家风建设的着力点

社会主义核心价值观融入新时代清廉家风建设是把家庭作为主要渠道来传递主流意识形态，要在坚守一个初心、把握双向耦合、符合三重法则、涵育四种观念上下功夫，这样不仅能发挥"以文化人"之功能，还能把个人梦、家庭梦融入民族梦、国家梦之中，从而提升我国的文化软实力，并助推中华民族伟大复兴中国梦的实现。

（一）一个初心：锚定清廉家风建设方向

社会主义核心价值观融入新时代清廉家风建设需要坚守一个初心即实现社会主义现代化和中华民族伟大复兴，牢牢锚定新时代清廉家风建设方向。家庭梦与中国梦是同向推进、协同并进的，古人曾用"修身齐家治国平天下"（《礼记·大学》）来表明二者的关系，也就是说实现中华民族伟大复兴需要绘就个人清白底色、重塑清廉党风政风。第一，家风事关清白底色。墨子十分重视环境对人性的作用，他把素丝和染丝做比较，认为人性"染于苍则苍，染于黄则黄，所入者变，其色亦变"，这也表明了清廉家风对绘就个人清白人生底色的必要性，因而个人要以"不要人夸颜色好，只留清气满乾坤"的决心清廉修身、清廉齐家，以廉洁家风推进清正廉明的社会风气建设。第二，家风事关党风政风。习近平总书记强调："营造风清气正的政治生态。"[5]严明党风政风是建设一个为人民服务的政党的必由之路，社会主义核心价值观融入清廉家风建设，也是推进全面从严治党的重要一环。党员干部要时刻警惕自身作风问题，摒弃"一人得道、鸡犬升天"的陈腐观念，从而在根源上杜绝"贪腐亲兄弟，寻租父子兵"的现象。社会主义核心价值观融入新时代清廉家风建设有助于夯实社会主义核心价值观培育的家庭根基，由此党员干部要注重家庭建设，传承良好家风，以身作则带动全社会弘扬清廉之风。

(二）双向耦合：深挖清廉家风建设要义

社会主义核心价值观融入新时代清廉家风建设需要把握社会主义核心价值观和清廉家风的双向耦合，从而深挖新时代清廉家风建设的本质要义。把握清廉家风建设是践行社会主义核心价值观的关键性工程。社会主义核心价值观是处理人与人、人与社会关系的方针指南，清廉家风所彰显的价值观内容是社会主义核心价值观的重要组成部分，亦是弘扬社会主义核心价值观的实践载体。一方面，社会主义核心价值观的广泛进行离不开个人和社会这两个维度，而其连接点就是具体的家庭。从个体来看，人的成长是其价值观从不成熟到成熟的演进过程，而在其中清廉家风对个人形成清廉自律、正直善良品质发挥潜移默化的熏染作用。因此，习近平总书记强调："广大家庭都要重言传、重身教，教知识、育品德，身体力行、耳濡目染，帮助孩子扣好人生的第一粒扣子，迈好人生的第一个台阶。"[6]其中深意不言而喻。从社会来看，"家是最小国，国是千万家"，家庭的集合是融入社会主义核心价值观，践行清廉家风的着眼点。建设清廉家风不仅需要抓住党员干部的关键少数，也要重视全社会成员及其家庭的积极参与，打造和宣传清廉样板家庭，为社会风清气正的政治生态环境带好头、引好路。另一方面，社会主义核心价值观的一些要素与清廉家风的内涵密切关联，正如清廉家风强调个人廉洁自律，而社会主义核心价值观中"诚信"和"法治"是构建清廉社会的基石；清廉家风倡导公私分明，见利思义，而社会主义核心价值观中"公正"和"平等"是构建清廉社会的重要价值诉求。社会主义核心价值观的提出是为了引导社会公民形成正确的价值观念，推动社会向更为文明、和谐、公正的方向发展。在这一过程中，弘扬清廉家风成为构建良好社会风气的重要组成部分。因此，之所以社会主义核心价值观是清廉家风的时代表达，是因为两者在目标和理念上有着一定的契合性，社会主义核心价值观的培育，有利于清廉家风的形成和传承。

（三）三重法则：把握清廉家风建设规律

社会主义核心价值观融入新时代清廉家风建设需要符合三重法则即多元共存律、守正创新律和内化外化律，从而把握清廉家风建设的内在规律。其一，要坚持多元共存律，即新时代清廉家风建设要坚持一元主导，多元和谐共存。所谓一元，是指清廉家风建设要以社会主义核心价值观为引领，从而牢牢把握社会主义核心价值观前进方向，并发挥社会主义核心价值观对在清廉家风形成的全员、全过程、全方位的"共识性"价值引领作用。所谓多元，是指按照辩证唯物主义和历史唯物主义，从横向来看，廉洁家风在不同的家庭有不同的表现形式；从纵向来看，廉洁家风在不同的历史发展阶段有不同的时代内涵。因此，新时代清廉家风建设要发挥好家庭家教家风凝心铸魂作用，从而释放"多样性"发展活力。其二，要坚持守正创新律，即清廉家风建设要守方向之正，创育人之新。所谓守正就是要抵御拜金主义、极端个人主义、享乐主义等不良之风的影响，敢于善于与错误思潮做斗争，从而守好主阵地。需要注意的是，即便是对一些落后腐朽的家风也需要以社会主义核心价值观为引领将其进行有效转化，从而增强人文关怀。所谓创新就是要在全面从严治党的格局下，对清廉家风进行新时代的建构，以赋予其时代内涵。正如，将习近平总书记对新时代树立清廉家庭家教家风的最新表述和观点以及社会主义核心价值观融入新时代清廉家风的建构，并以日常化、鲜活性的语言推进清廉家风的大众化传播。其三，要坚持内化外化律，即将清廉家风建设内化于心，外化于行。所谓内化就是个体把社会对清廉自律的道德要求转为自己的内在需要，新时代清廉家风建设需要从人的内在诉求出发，激发其内在驱动力，从而把清廉自律的外在社会要求转化为个人的内在诉求。所谓外化就是个体把内化的清廉自律品质落实到实践活动中，是个人在对清廉家风有了深刻的认知后在社会中主动践行社会公德、家庭美德、职业道德，并唱响主旋律，传递正能量。因此，社会主义核心价值观融入清廉家风建设要坚持多元共存、守正创新、内化外化，从而以合力态势推动新时代清廉家风建设，将清廉家风建设落到实处。

（四）四种观念：找准清廉家风建设抓手

社会主义核心价值观融入新时代清廉家风建设需要涵育四种观念，即先公后私的公私观、见利思义的义利观、尚俭抑奢的节俭观和戒贪拒贿的反腐观，从而找准新时代清廉家风建设的行动抓手。第一，先公后私的公私观。正如刘少奇在家书中叮嘱亲人："我当了中央人民政府的副主席，你们在乡下种田吃饭，那就是我的光荣。如果我当了副主席，你们还在乡下收租吃饭，或者不劳而获，那才是我的耻辱。"[7]这深刻体现了老一辈革命家不搞特权、不谋私利，正确处理钱与权、权与情关系的道德品质，展现了中国共产党人廉洁清白的高尚情操。第二，见利思义的义利观。无论是战国时期田稷之母严辞拒绝儿子受贿而得的黄金，并教导他"非义之事不计于心，非理之利不入于家"[8]，还是革命先辈把国家利益放在首位，拒绝"顺人情""搭便车"等行为都体现了清正廉洁的亲情观，这是共产党人不忘初心的生动体现，也是新时代清廉家风建设的必然要求。第三，勤俭朴素的节俭观。从古到今，从刘禹锡《陋室铭》中的"斯是陋室，惟吾德馨"，到谷文昌"清白持家、简朴本分、为民奉献"的家风，再到如今习近平总书记提出"节俭朴素，力戒奢靡"，尚俭抑奢不断丰富其时代意涵。俭以养德、勤以持家是清廉家风教育的重要内容，也是衡量家族能否长盛不衰的重要标志。第四，戒贪拒贿的反腐观。春秋时期政治家管仲在《管子·牧民》中提出："礼义廉耻，国之四维，四维不张，国乃灭亡。""一维绝则倾，二维绝则危，三维绝则覆，四维绝则灭。倾可正也，危可安也，覆可起也，灭不可复错也。"管子把廉政提升到国家危亡的战略高度。[9]反腐倡廉是全面从严治党的主题词，事关党风政风的清明，也事关千千万万家庭的清廉家风建设，是当前清廉家风建设的应有之义。新时代清廉家风建设要找准抓手，要培养先公后私的公私观、见利思义的义利观、勤俭朴素的节俭观和戒贪拒贿的反腐观，从而指向个人清廉自律的养成和社会风清气正的氛围形成。

总体而言，社会主义核心价值观融入清廉家风建设要以实现中华民族伟大复兴的中国梦为最高价值追求，在深挖社会主义核心价值观与清廉家风的双向耦合、把握清廉家风的多元共存律、守正创新律和内化外化律的三种建构法则的同时并建构新时代清廉家风建设四种理念，从而为中华民族伟大复兴的中国梦提供精神财富和精神力量。

三、社会主义核心价值观融入新时代清廉家风建设的践履路径

习近平总书记强调："一种价值观要真正发挥作用，必须融入社会生活，让人们在实践中感知它、领悟它。要注意把我们所提倡的与人们日常生活紧密联系起来，在落细、落小、落实上下功夫。"[10]社会主义核心价值观融入新时代清廉家风建设需要发挥党的全面领导作用、发挥长辈言传身教作用、发挥关键少数示范作用、发挥网络前沿阵地作用，在实践中推动新时代清廉家风建设。

（一）发挥党的全面领导作用

在清廉家风的建设过程中，要发挥党的全面领导作用，为清廉家风建设引领绘制"路线图"。清廉家风建设需要政府、社区和家庭的共同努力，党在其中发挥着核心领导作用，具体来看：一是在政府方面，政府相关单位部门要全力营造和倡导清正廉洁的社会风气，发挥自身优势，为清廉家风的建设

提供支持。一方面，要不断加强公职人员的廉政文化教育，使其深刻理解廉政建设的重要性，自觉树立廉洁自律意识，为家庭和社会树立良好的榜样。并建立健全相关监督机制，加强监督和管理，防止腐败现象的发生，为清廉家风的建设提供坚实的保障。另一方面，政府还可以通过举办各种形式的宣传活动，广泛宣传清廉家风的重要性，引导公众认识到建构清廉家教家风对实现中国梦的重要意义，以此实现廉洁家风的传承、发扬和创新。二是在社区方面，在党委领导下，将清廉家风建设和志愿者服务相结合，找准清廉家风建设小切口，成立"清廉家风宣讲团"讲深讲透讲活廉洁故事、家风故事，并且激励广大党员同志发挥先锋模范作用，以自身廉洁自律行为带动社区清廉风气。引导社区成员自觉践行社会主义核心价值观，让清廉家风在基层扎根。三是在家庭方面，家庭是清廉家风建设的最小单元，是价值观和道德观念的重要培养场所。尤其是家中的党员可以通过制定清廉家教家规，将清廉教育与端午节、国庆节等重大节日相结合，培养家庭成员廉洁自律的价值观念，鼓励下一代积极参与志愿者活动，让孩子扣好人生的第一颗扣子，从而内化自律廉洁家风并外化到日常社会实践中，以自身清廉行为促进社会的廉洁发展。总之，清廉家风建设需要在党的领导下，做到政府、社区、家庭的同向同行，并锚定目标，靶上发力，从而为清廉家风建设指明方向。

（二）发挥长辈言传身教作用

在新时代清廉家风的建设过程中，要发挥长辈言传身教作用，为清廉家风建设稳好压舱石。清廉家风建设要重言传。马克思在《〈黑格尔法哲学批判〉导言》中明确提出："理论只要说服人，就能掌握群众；而理论只要彻底，就能说服人。"[11]同样，社会主义核心价值观融入清廉家风建设也需要讲深、讲透、讲活道理，真正做到启智润心。首先，长辈要在清廉家风建设中做好价值传递。长辈要用贴近家庭生活的语言，讲清社会主义核心价值观与清廉家风都根源于中华优秀传统文化，都体现了马克思主义家庭观，促进家庭成员认同清廉家风的真理性，内化其道德意蕴并在日常生活中自觉践行清廉家教家风。其次，长辈应在清廉家风建设中站稳立场，及时回应、评价、纠正家庭成员在实际生活中出现和遇到的道德现象与问题，使坚守社会主义核心价值观成为引领新时代清廉家风建设的坚实武器，使廉洁自律的思想观念入脑入耳入心入行。最后，清廉家风建设要重身教。孔子在《论语》中说："其身正，不令而行；其身不正，虽令不从。"[12]清廉家风建设需要长辈以身作则，将清廉家风的引导大众化、生活化和日常化，对家中成员进行行为的示范。由于晚辈的很多行为方式的习得都是对长辈行为的效仿，这也意味着长辈的行为会潜移默化的对晚辈造成影响，如家中长辈在家庭中保持勤俭朴素的生活作风就会让晚辈不自觉地模仿，感知生活的不易。只有长辈在建设清廉家庭、培养廉洁自律、先公后私的生活方式上成为家中成员崇敬的典范，才能对孩子的清廉行为塑造产生积极作用，从而为清廉家风的世代相传奠定基础。

（三）发挥关键少数示范作用

在清廉家风的建设过程中，要发挥关键少数示范作用，为清廉家风建设抓住牛鼻子。习近平总书记指出，党员领导干部作为清廉家风建设的关键少数，应"带头注重家庭、家教、家风""把家风建设摆在重要位置，廉洁修身、廉洁齐家"[13]。党员领导干部要在建设清廉家风中做好表率，尤其要在增强理想信念上下功夫、在管好家庭成员上下功夫、在做好社区模范上下功夫，绵绵用力、久久为功，从而保持共产党人的廉洁品格，涵养良好的清廉家风、带动社区发扬廉洁齐家风气。首先，在增强理想信念上下功夫，过好"思想关"。理想信念是党员干部的精神之钙，在清廉家风建设中，党员干部要坚定理想信念，坚守党性原则，坚持思想淬炼。习近平关于清廉家风建设的重要论述是领导干部进行清廉家风培育的根本遵循和行动指南。党的领导干部要读原著、学原文、悟原理，做到真懂真信真行，培养自身的廉洁操守，成为建设清廉家风的坚定信仰者和忠实践行者。其次，在管好家庭成员上下功夫，过好"亲属关"。党员干部要绷紧廉政这跟弦，警惕亲朋好友"枕边风""搭便车""送人情"等行为，要在思想上和行为上分清公与私、义与利的界限，以自身廉洁自律行为带动好政风好党风。党员干部要设立清廉家规家训，教育配偶当好贤内助，教育孩子以自身行为为社会做贡献，帮孩子扣好人生的第一颗扣子。最后，在做好社区模范上下功夫，树立好榜样。党员领导干部家庭在社区中率先建立清廉家风，发挥先锋模范作用，以点带面，让社区各个家庭都意识到建立清廉自律的家风的必要性。[14]以党员干部家庭"小风气"带动整个社区乃至社会的"大风气"，引导广大人民群众以自身"小家"融入清廉家风建构"大家"，从而为全社会清廉风气的建构提供磅礴伟力。清廉家风建设是一项各方参与的系统工程，领导干部要在人民群众中领好头、带好路，家风建设才能成效佳、风气正，全面从严治党抓"关键少数"才能落实，才能走好中国特色社会主义新征程。

（四）发挥网络前沿阵地作用

在清廉家风的建设过程中，要发挥网络前沿阵地作用，为清廉家风建设传播主旋律。随着新媒体技术的迅速发展，网络已成为人们获取和交换信息的重要渠道，社会主义核心价值观的培养应在新媒体网络中融会融通。[15]此外，网络时代的到来为新时代的清廉家风建设提供了丰富的网络资源，更有利于提高清廉家风建设的针对性和实效性。要想发挥网络前沿阵地作用就要注重清廉家风内容建设，并依法推进网络治理为清廉家风建设占据网络主阵地。一是注重清廉家风内容建设。一方面，致力于整合关于清廉家风建设的相关资源。从开创家风家训先河的《颜氏家训》到如今习近平关于清廉家风建设的相关重要论述，都体现了建设清廉家风根植于中华优秀传统文化，要在融入过程展开系统整体的创造性转化和创新性升华。另一方面，鼓励清廉家庭家教家风的网络精神生产。各主流媒体可以引导和鼓励广大网民创造出清廉家风的相关内容，如在网络文学、网络音乐、网络电影等高举清廉家风建设的旗帜，传播主旋律弘扬正能量。二是依法推进网络治理。网络世界的虚拟性、不确定性和迷惑性无疑给新时代清廉家风建设带来了诸多误导和挑战。[16]要依法推进网络空间治理，对不良社会思潮和扰乱人心的非法分子敢于斗争敢于亮剑。坚决打击在网上诽谤革命先烈、催生网络暴力、传播有害网络信息等行为，从而促进网络清廉家风的建设逐渐清朗。因此，我们要辩证看待新时代清廉家风建设的网络空间，不断完善新时代清廉家风建设的网络保护机制，构建向上向善的廉洁文化网络传播矩阵，开启新时代家风文明新风尚。

四、结语

新时代清廉家风的构建，是在全面从严治党的背景下，对破除当前党内不正之风、腐败现象问题的回应。社会主义核心价值观为新时代清廉家风建设夯实了理想与信仰的根基，补足了精神上的钙质，把握了思想上的风帆。一方面，社会主义核心价值观和清廉家风与中华优秀传统文化同根同源；另一方面，社会主义核心价值观作为当前处理人与人、人与社会关系的精神准则，是清廉家风的时代表达。由此可见，社会主义核心价值观在社会实践中的落实要靠一个个家庭践行清廉家风、做到廉洁修身，这样才能扎根人民群众变为实践力量。构建新时代清廉家风需要在党的全面领导下，发挥长辈言传身教作用，发挥领导干部关键少数作用，发挥网络前沿阵地作用，从而做到全社会同向同行、同频共振。中国特色社会主义进入新时代，我们要广泛传播和培育社会主义核心价值观，为新时代清廉家风建设提供精神引领，大力培育以社会主义核心价值观为导向的新时代清廉家风文化。在此基础上，只要每个家庭都秉承清廉自律的家风，砥砺拼搏，每个家庭前进的脚步就能叠加成国家的进步，每个家庭创造的价值就能汇聚成中华民族伟大复兴的磅礴力量。

参考文献

[1] 习近平. 在2015年春节团拜会上的讲话 [N]. 人民日报, 2015-02-18 (002).

[2] 扎实推进新时代廉洁文化建设 [J]. 学校党建与思想教育, 2022 (04)：3.

[3] 中办印发《关于加强新时代廉洁文化建设的意见》[N]. 人民日报, 2022-02-25 (1).

[4] 习近平. 在会见第一届全国文明家庭代表时的讲话 [N]. 人民日报, 2016-12-16 (002).

[5] 习近平著作选读（第一卷）[M]. 北京：人民出版社, 2023：314.

[6] 习近平谈治国理政（第二卷）[M]. 北京：外文出版社, 2017：355.

[7] 中共中央文献研究室. 老一代革命家家书选 [M]. 北京：生活•读书•新知三联书店, 1990：121.

[8] 张艳国. 家训辑览 [M]. 武汉：武汉大学出版社, 2007：297.

[9] 伍洪杏. 中国传统廉洁文化的伦理检视 [J]. 理论探索, 2022, (02)：12-17.

[10] 习近平谈治国理政（第一卷）[M]. 北京：外文出版社, 2018：165.

[11] 马克思恩格斯全集（40）[M]. 北京：人民出版社, 1982：9.

[12] 孔子. 论语 [M]. 杨伯峻, 杨逢彬, 注译. 长沙：岳麓书社, 2018：161.

[13] 习近平谈治国理政（第二卷）[M]. 北京：外文出版社, 2017：135, 165.

[14] 李佳娟, 陆树程. 论生态家风构建及其现实意义 [J]. 思想理论教育导刊, 2019 (11)：62—66.

[15] Zhiwei Yu, Liming Li. How to disseminate Core Socialist Value Online:A New Method Based on Extenics[J]. Procedia Computer Science, 2019(162).

[16] 杨威, 朱献苏. 以社会主义核心价值观引领新时代家风建设探析 [J]. 长白学刊, 2022 (04)：147—156.

四 廉吏研究

况钟不同历史形象的形成和原因以及对当代况钟形象建构的思考

陆锋明[①]

【内容摘要】 况钟作为历史名人,被大众所熟知,并形成固定认识。但细细考察,我们可以发现,况钟的历史形象是多元的,不同的言说主体从自身立场出发,对况钟的形象进行了不同的塑造,由此造成况钟历史形象的斑驳复杂和互不一致。本文从浩瀚的史料中抽丝剥茧,尝试还原不同主体如何从不同角度来认识况钟,并指出其背后原因。在此基础上,本文提出了新时代我们塑造况钟形象的思路,在这一思路的指导下,对新时代况钟形象的塑造和况钟精神的提炼提出了自己的见解。

【关键词】 况钟;历史形象;政德观

学者周扬波等人认为,况钟的历史形象在不同的历史情境中发生过变迁。[1] 本文受其启发,试图提炼不同时期不同群体对况钟形象的不同认识,在此基础上进一步探讨这些不同认识背后的原因以及对当下我们对况钟形象

基金项目:江苏高校哲学社会科学重点建设基地吴文化传承与创新研究中心(编号:2018ZDJD-B018)项目成果。

① 陆锋明(1979—),男,江苏宜兴人,政治学博士,苏州市职业大学副教授,研究方向:政治学原理。

再认识和对况钟精神再挖掘的启示。[2]

20世纪的史学理论经历了快速发展,从"史实史学""规律史学"再到"反思史学",历史学家在研究过程中发现:原本信奉的在历史研究中"消灭主体""排除自我""让历史事实自己说话"等原则不过是一个自欺欺人的神话,事实上,当历史事实进入到我们视野的时候,它就必然会与认识主体产生一定的联系。就如波普尔所言,"事实本身没有意义,只有通过我们的决断,才能获得意义"。[3]克罗齐则认为,"只有现在生活中的兴趣方能使人去研究过去的事实。"[4]我国当代著名史学家陆懋德也曾说过:"盖过去的记载,不必全有研究的价值。而研究的价值,全在适应现在之需要。作历史者自必注意当时与现在的关系,而用以作为历史,方能适应现在之需要。由是言之,历史是有时代性的。"[5]我们可以看出,历史认识是有主体性的,它的认识动机是由个人兴趣驱使的,它的认识目的是为了服务群体之需要。这与马克思主义并不矛盾,马克思认为人是一切社会关系的总和,作为历史认识主体的人必然会从自己所处的社会关系中去认识历史,并且服务于社会发展。

当我们从这个立场出发去考察历史上况钟形象的形成和变迁时,我们发现,况钟形象的历史变迁也是由不同主体从不同需要的立场上进行不同的认识所导致的。在对况钟形象的史料钩沉中我们可以发现,历史上对况钟形象的认识和塑造过程主要是由两大群体完成的:官方和民间。[6]我们先看一下历史上官方和民间分别是如何认识况钟的。

一、历史上况钟的三个形象

(一)况钟的第一个历史形象:明代官方视野中况钟是"治才"

官方最早对况钟进行评价是在《明实录·英宗正统实录》第九十九卷中,

里面写道:

> 钟有治剧才,故郡事虽殷,理之绰有余裕。惜其贪虐,犹有刀笔余习。一时与钟同奉玺书为郡者,若松江知府赵豫、常州知府莫愚、杭州知府马仪、吉安知府陈本深、西安知府罗以礼辈,往往能兴利除害,其得民心大率与钟伯仲间。豫尤和易近民,凡百词讼,属老人之公正者剖析,有忿争不已者,则己为之和解,故民以"老人"目之。当时论者以钟为能吏,豫为良吏云。[7]

《明实录》中对况钟的评价可以说是朝廷在况钟去世后对况钟的一生鉴定。这个评价并没有我们想象中的那么高,评价的关键词有两个:治才和能吏。但其中也包含了不利于况钟的评价,主要也是两个:一是从对比中指出,在同批次官员中,与况钟不相上下有好几个,甚至超出的也有,这说明况钟在同时代官员中并不是我们想象中的那么出类拔萃。另外,指出了况钟身上还残留着刀笔余习。况钟出身书吏,书吏又被称为"刀笔吏"。在儒家思想中,对刀笔吏一般都认为其心中有贪欲,行事又过于严酷,有贪吏和酷吏之嫌。平心而论,虽然这样的评价并非无的之矢,但却也有过于贬低之意。说况钟贪主要指况钟买常熟县发卖的私盐官船有公权私用之嫌,[8]说况钟虐大概是指况钟到任后用铁腕惩治官府属员并掷杀数人之事。[9]况钟虽然利用知府之职优先买了官船,却还是付了钱并且事后也做了检讨;铁腕治吏虽有失温厚却是当时打开治苏局面的有效手段。被评"犹有刀笔余习"除了况钟上面的所作所为不能完全符合儒家治理理念之外,恐怕也有掌握修官史权的清贵文人的偏见的原因。明代记载官史的文人一般都是进士出身,对书吏出身的况钟还是有点道不同的感觉,更何况况钟还被指摘与宦官过从甚密。[10]

与况钟同时代的官绅对况钟的治理才能也予以肯定,如苏州乡宦张洪作于宣德九年(时况钟在苏州知府任上已将近五年)的《张太史赠太守况公前传》中称赞况钟"综理周密而不烦,行之甚易而不疏,可为为政之楷范"。[11]

在此文后又附有其江西同乡、官员周述对况钟的评价，声称况钟"治郡之绩，卓卓可称者，指不胜屈"。[12]可见，明代朝廷与官绅对况钟的评价都是着眼于他的治理才能和治理功绩，把他看成是"治才"和"能吏"。对于其道德并无过多着墨和赞誉，尤其是《明实录》中，更是有着负面评价。

我们一般认为，历史是过去事件之记录。所以对况钟历史形象的认识和建构应发生在况钟去世之后。《明实录》的这个评价是在况钟去世后不久发布的第一个官方鉴定，可以说这是况钟的第一个官方形象，也是况钟的第一个历史形象。况钟第一个历史形象在明代影响深远，基本体现了有明一朝主流舆论对于况钟的认识。

（二）况钟第二个历史形象：清以来民间视野中况钟是"青天"

况钟第二个历史形象的广泛流传是出现在清初民间的"况青天"形象。前面讲过，清以前主流舆论对况钟的评价主要集中在况钟安民抚民的治才上，这是况钟的第一个历史形象。称况钟为青天在明代史料中未呈现出大量的态势，只是偶有所记。先是况钟生前于正统四年（1439年）自己在《为部郎时自作像赞》一诗中有"敢劳父老，称曰青天"的言语。[13]随后就是正统八年（1443年）况钟的同乡官员王直给况钟撰写的墓志铭中有"（民）称之为青天、为父母"的说法。然后就是苏州名士都穆（1458—1525）在其所撰笔记小说《都公谭纂》中记载况钟去官时苏州传唱"况青天，朝命官，宜早还"等民谣。成书于嘉靖三十四年（1525年）的《皇明通记》中也记载了苏人称况钟为"况青天"一事。[14]明末冯梦龙所著《警世通言》第三十五卷《况太守断死孩儿》中讲述了一个况青天断案的故事，与况钟有相似之处。[15]可见，称呼况钟为况青天可能明代苏州民间有此说法，但流传范围不广，而且也没有产生很大影响。[16]

"况青天"的名号在民间广泛流传是在清初传奇《十五贯》传唱后才广泛

出现的。《十五贯》是清初戏曲家朱素臣创作的传奇，他编写了一个况钟断案的故事，故事中把况钟称为"况青天"。随着《十五贯》作为戏曲在民间传唱，"况青天"的名号也就在民间家喻户晓了。可以看出，清初民间况钟"况青天"形象的广泛流传是与《十五贯》密切相关的，正是清初《十五贯》的流行，才使得况钟在民间的"青天"形象彻底树立了起来。

这可能是与晚明开始的通俗文化的兴盛和商业传播的发达密切相关。陈平原先生认为，中国文化中的"京海之争"可以上推到明代，但那时的"海"不是上海，而是江南。江南文化与北方文化的对峙格局凸显于明代中期，成熟于明代晚期。与北方文化相比，江南文化的特点就是文化产业化，文人乐于成为流行文化的制造者，同时以市井民众喜闻乐见的商业形式来进行文化传播。[17]在晚明江南文化产业化之前，历史叙事主要是由大传统来构成的，这也是在晚明之前民间对况钟形象认识缺位的原因之一。到了晚明，尤其是在江南，民间文化开始发达，并且通过当时江南相当发达的出版和娱乐行业进行传播，这也使得像民间文化之类的小传统开始在历史叙事中崭露头角并逐渐影响到大传统。一直到清初，依托江南地区在晚明时候发展起来的通俗文化传播机制，《十五贯》通过戏曲形式在民间成功塑造了"况青天"的形象并深入人心。

（三）况钟第三个历史形象：清以来官方视野中况钟是清官能吏

清初"况青天"的民间形象毫无疑问也影响到了清代官方对况钟的评价，最明显的表现就是定稿于乾隆四年（1739年）的官修《明史》中关于况钟的评价，较《明实录》有了较大提升。《明史》中记载，"钟刚正廉洁，孜孜爱民，前后守苏者莫能及。钟之后李从智、朱胜相继知苏州，咸奉敕从事，然敕书委寄不如钟矣。"[18]在清代官方评价中，我们看到，与《明实录》相比，除了与"治才"和"能吏"有关的评价，如"前后守苏者莫能及""然敕书委寄不如钟矣"之外，增加了"刚正廉洁，孜孜爱民"的评语，同时删去了"贪虐"的评价。至此，官方对况钟的评价从"治才""能吏"转为"清官能吏"。在正史中况钟身上的光环除了"能吏"之外，又加了一个"清官"，这可以说是况钟的第三个历史形象，"清官能吏"也基本上成为后世对况钟的盖棺论定了。

从"能吏"到"清官能吏"不能不说是受到了民间对况钟"青天"赞誉的影响。什么样的官员才能在民间被称为"青天"呢？民众心目中典型的"青天"形象一般应该具有以下特征：一是不畏强权，为民请命；二是廉洁奉公，不谋私利；三是为官勤勉，造福一方。相比较"能吏"，"青天"除了要求官员勤勉之外，还特别关注官员的爱民、刚正和廉洁。这与《明史》中对于况钟的评价比《明实录》中对于况钟的评价增加了"刚正廉洁，孜孜爱民"之语是相呼应的。事实上，在明代官方视野中，况钟与宦官过从甚密，有违儒家观念中的刚正原则；又涉入违规购买官船的疑云，持身有失严谨。至于况钟自己赋诗"清风两袖去朝天，不带江南一寸棉"[19]则被认为，从自己的口中说出自己是清官，不是很妥当。[20]而《在十五贯》中，"朱素臣为了使况钟这一人物更富于典型性，把某些清官的特征概括集中在况钟身上"[21]，最终在民间塑造出了广为人知的"况青天"形象，反过来又影响了官方评价，成就了况钟"清官能吏"之名。正如周扬波所说："'青天况钟'是在历史上真实的况钟其人基础上，由历代大传统和小传统合力塑造而成的理想官员典范。"[22]

二、况钟不同历史形象出现的原因

王子今认为："中国民间历来有自发议政的传统，其中包括对于行政人员品行与政绩的评判。"[23]在王子今看来，传统社会官方和民间对官员的认可标准是不一样的，官方喜欢用"徇吏""良吏"等称号来奖掖表彰模范官员，而民间则喜欢用"青天"来表达自己对官员的认可,青天的政治影响几乎完全是民间促成的。[24]究其原因,在于双方的关注点和需要是不一样的。

从朝廷的立场上来看,朝廷关注的是如何安民,需要的是稳定社会秩序。宣德五年(1430年),朝廷任命况钟为苏州知府,明宣宗在上任敕谕里讲道:"夫千里之民,安危皆系于尔,宜体朕心,以保养为务。必使其衣食有资,礼义有教,而察其休戚,均其徭役,兴利除弊,一顺民情。"[25]从敕书中可以看出,朝廷任用况钟的初衷就是安民抚民治民。从实践来看,况钟在苏州做得很好。况钟去之前,苏州"税粮甲于他省,民困吏奸,积逋日益"[26],到正统五年(1440年),苏州已是"岁复丰稔,家给人足,讼简风醇"[27]。况钟回应了朝廷最关心的问题,解决了朝廷的需要。朝廷也从自身立场和考核机制出发给予了况钟"治才"和"能吏"的官方评价。

民间是由一个个民众个体组成的,从民众的立场来看,每个个体关注的是个人有没有受到不公平对待,需要的是受到不公平对待时有申诉和救济的途径。在传统文化的限制下,普通民众把申诉和救济的希望寄托在某个官员身上。这样"青天"就应运而生了。作为一个官员,"青天"的政治品行以"爱民、刚正、廉洁、勤勉"为主要特征,这符合了民间个体对主持公道之人的设想:"爱民"就会站在我的立场上;"刚正"就敢于为我而抵制强权;"廉洁"带来公正,因为它隐含着官员不会受到贪欲的趋势徇私枉法的意思;"勤勉"则代表官员有足够时间和精力处理百姓受到的所有冤屈。用通俗的话讲,就是"青天"有动机、有胆气、有公平、有精力处理百姓受到的一切冤屈,这里面包含着一个传统社会中无权无势的普通民众对自己受到冤屈时会有人来替我做主的简单希冀,并在众多民众的呼唤下形成民间对社会公平的向往和对理想政治的信仰。

"治才"立足于朝廷管民,"青天"起始于民众伸冤,它们实际上是同一个硬币的两个不同的面。管民有可能会侵犯民众利益，受到侵犯的民众则寄希望于"青天"主持公道。在传统社会中，管民要依靠官员，伸冤也要依靠官员，这也是在官修《明史》中况钟"治才"和"青天"形象合流的原因。既然管民和伸冤都是依靠的同一批人，那么如果将"治才"和"青天"合二为一，那么岂不是既实现了安民的目的，又减少了民众的冤屈，对于稳定社会秩序、维护王朝统治具有重要意义。因此，树立一个"治才＋青天"的典型，使之成为官员的典范和学习榜样，就是顺理成章的事了。

三、新时代况钟历史形象再建构和况钟精神再挖掘的几点思考

20世纪50年代，昆曲《十五贯》在北京演出，获得巨大成功，得到了党和国家领导人毛泽东、周恩来的肯定和推荐，这意味着况钟的形象在新中国依然不过时，况钟的精神遗产依然散发着熠熠光辉。新时代以来，习近平总书记多次强调反腐的必要性，提出廉洁文化建设的重要性，号召我们要从中华优秀传统文化中汲取营养，加强道德教育，弘扬忠诚老实、公道正派、艰苦奋斗、清正廉洁等价值观。[28]因此，作为历史上"清官能吏"形象代表的况钟对于我们当代就有了重要意义。当然，历史在发展，社会在进步，时代的需要和人们的认识也在改变，新时代站在新的立场上，我们就必须对况钟历史形象进行新认识和对况钟精神进行再挖掘。结合上文论述，本文尝试对新时代况钟历史形象的认识和况钟精神的挖掘提出一些思考。

（一）新时代况钟形象的建构和况钟精神的挖掘必须建立在历史上真实的况钟事迹基础上

历史认识具有主体性，不代表历史事实就没有客观性。学者何兆武将历史学分为"历史学Ⅰ"和"历史学Ⅱ"两个层次，其中，"历史学Ⅰ"是指历史

事实,"历史学Ⅱ"是指对史事的理解、体验或评价。"历史学Ⅰ"具有客观性,历史认识的主体性主要体现在"历史学Ⅱ"中。[29] 我们在建构况钟形象和挖掘况钟精神时不能离开真实的历史事实,不然就经不起历史的检验。所以,对于明后期以来在戏曲、传奇、小说、笔记等史料中出现的况钟事迹我们要逐一辨析,去芜存菁。

(二)新时代况钟形象的建构和况钟精神的挖掘必须坚持以"人民为中心"的立场

历史认识有主体性告诉我们,不同的言说主体建构不同的历史叙事,不同的历史叙事组成不同的话语体系。马克思说过:"'思想'一旦离开'利益',就一定会使自己出丑。"[30] 因此,不同的话语体系体现了不同言说主体的利益和目的。无论"治才""青天"还是"清官能吏",它的背后都是中国传统社会"以民为本"的思想。"以民为本"思想承认和重视人民,以民为邦本,民为君本,提倡重民、保民。但我们也应该看到,"以民为本"思想归根结底是在王朝统治下形成的,具有其时代局限性。它的最终目的不是为了人民,而是为了维护王朝秩序和君主统治。正是由于其局限性,在传统社会中,往往会发生官员与民争利、侵夺民众权利的现象,因此就产生了民间的"青天"思想。"治才"和"青天"是一个双面体,分别代表了民本思想的积极性和局限性。"清官能吏"糅合"治才"和"青天",但却无法解决民本思想自身的局限性。

"以人民为中心"的思想是对"以民为本"思想的超越。"以人民为中心"思想秉持"共建共治共享"原则,真正以人民为主体,把人民放在首要位置,是我们党在长期探索中形成,被实践证明符合国情、符合人民意愿、符合社会发展规律的科学思想。我们在建构况钟形象和挖掘况钟精神时必须超越"以民为本"思想,坚持"以人民为中心"的立场。

坚持"以人民为中心"的立场去重新认识况钟、挖掘况钟精神不是说我们就可以随心所欲地去塑造况钟,还是必须在历史上况钟真实事迹的基础上去重新认识况钟,解释况钟。正如福柯所说:"说一种话语形成取代另一种话语形成,这不是说由全新的对象、陈述(enonciations)、概念、理论选择构成的整个世界全副武装地、组织有序地出现在一个一劳永逸地把这整个世界安置妥当的文本中;这是说关系的总体转换已经发生,但未必改变全部要素;这是说陈述遵从新的形成规则,不是说所有的对象或概念、所有的陈述(enonciations)或所有的理论选择都消失了。"[31] 简单讲,我们要去选择一些历史事实,同时摒弃一些历史事实来建构况钟形象和挖掘况钟精神,使得况钟形象和况钟精神能符合时代需要。

(三)新时代况钟形象的建构和况钟精神的挖掘必须以习近平"政德观"的科学理论为指导

马克思主义告诉我们,实践需要科学理论的指导。正如毛泽东所言:"马克思主义看重理论,正是,也仅仅是,因为它能够指导行动。"[32] 当我们站在"以人民为中心"的立场上,以历史上况钟的真实事迹为基础来建构况钟形象和挖掘况钟精神时,我们还需要有科学的理论来指导我们这一行动。这个科学理论就是习近平"政德观"。

政德是指从政为官者必须具备的美德。政德传统在中国社会源远流长,孔子在《论语》中讲道:"为政以德,譬如北辰,居其所而众星拱之。"[33] 意思是指,执政者行使政治权力时讲道德,那么大家都会心悦诚服,就像众星拱月一般拥戴他。孔子的"为政以德"思想对中国传统政治产生了深刻影响,传统儒家士大夫都以此为自己的做官准则,在中国浩瀚的历史中产生了无数有关政德的论述。

与传统政德观相比,习近平"政德观"是马克思主义基本原理同中国具体实际相结合、同中华优秀传统文化相结合所产生的当代中国马克思主义理论的重大创新。一是它站在马克思主义"以人民为中心"的立场上指出了政德的目的是全心全意为人民服务，超越了传统民本主义政德观。习近平总书记在讲到政德中的"公德"时说，"守公德，就是要强化宗旨意识，全心全意为人民服务，恪守立党为公、执政为民理念，自觉践行人民对美好生活的向往就是我们的奋斗目标的承诺"[34]。二是它站在马克思主义宏大历史观的角度从国家、社会、政党、个人四个层面阐述了政德的意义，超越了传统政德观拘泥于王朝政治的狭隘视野。习近平总书记指出，从国家层面来讲，政德是整个社会道德建设的风向标，国无德不立。从社会层面来讲，政德是整个社会道德建设的风向标。从执政层面来讲，政德关系到党的执政地位和执政能力，"在历史的长河中，那些帝国的崩溃、王朝的覆灭、执政党的下台，无不与其当政者不立德、不修德、不践德有关，无不与其当权者作风不正、腐败盛行、丧失人心有关"[35]。从个人层面来讲，它是领导干部的立身之本、从政之基，人无德不兴。三是它用马克思唯物主义的观点科学揭示了政德的结构，超越了传统政德观公德私德不分、政德臣德合一的局限。习近平总书记明确指出，政德分为大德、公德、私德，立政德就是要明大德、守公德、严私德。明大德就是要铸牢理想信念；守公德就是要坚持服务人民；严私德就是要约束操守行为、管好家人朋友。[36]

习近平"政德观"对于我们在新时代重新建构况钟形象和再度挖掘况钟精神具有重要指导意义，新时代况钟形象和况钟精神必须以政德为核心概念来统领。

四、结语

笔者尝试在习近平"政德观"的指导下，结合历史上况钟真实事迹和不同形象，对新时代况钟的政德做一个个人的理解：（1）在大德上要突出况钟的报国之志。正如况钟在诗中说自己"报国一心何日尽"[37]，在另一篇诗中，况钟表达了自己对北宋名臣范仲淹的仰慕，"仰止范文正，宋朝第一人。"[38] 况钟守苏十三年，夙夜兴寐，除了传统的欲报君恩的想法之外，未尝没有他对国家和天下兴盛的理想追求。(2) 在公德上要突出况钟的爱民之情、刚正之行和勤勉之为。况钟在担任苏州知府期间，有众多历史事实可以证明况钟的爱民、刚正和勤勉。(3) 在私德上要突出况钟的廉洁之心。况钟在诗中多次表露自己的廉洁之心，如前文所述的"清风两袖去朝天，不带江南一寸棉"，还有"虽无经济才，尚守清白节……非财不可取，勤俭用无涯"[39]，以及"膏腴竟作儿孙累，珠玉还为妻女暇。师俭古箴传肖者，取之不竭用无涯"。[40]

史学家陆懋德曾说："死的史料，必经过如此的解释，而后于现时人有用，于现时人有关，而后能变为活的历史。"[41] 况钟的历史事迹是死的，但况钟的形象和精神是活的，是不断变化和发展的，这一活的形象和精神需要我们依据时代需要从历史史料中去挖掘、去建构。马克思主义理论家普列汉诺夫说，历史的发展是必然的，个人要主动充当这种必然性的工具，"它就不仅会充当必然性的工具，以及不仅不能不充当而且热烈地希望和不能不希望充当这种工具"。[42] 这证明了我们应该主动去建构况钟形象、挖掘况钟精神的必然性。

参考文献

[1] 周扬波，黄越. 况钟形象的历史变迁 [J]. 苏州科技大学学报(社会科学版), 2021, 38 (05): 44-51+107.

[2] 本文受周扬波、黄越发表于《苏州科技大学学报（社会科学版）》2021 年第 5 期《况钟形象的历史变迁》一文启发，在此对文章作者表示感谢。

[3] 田汝康，金重远. 西方现代史学流派文选 [M]. 上海：上海人民出版社，1982：166.

[4] 克罗齐. 历史学的理论与实际 [M]. 北京：商务印书馆，1982：2.

[5] 陆懋德. 史学方法大纲 [M]. 北京：商务印书馆，2019：6.

[6] 官方看法我们一般称之为"大传统",民间看法我们一般称之为"小传统",分别代表精英和大众对历史和社会的不同认识。国际上最早提出"大传统"和"小传统"分析模式的是美国人类学家罗伯特·芮德菲尔德和他于1956年出版的《农民社会和文化》一书。国内较早使用"大传统"和"小传统"的分析模式来对中国思想进行探讨的学者主要是陈来以及他于1996年出版的《古代宗教与伦理:儒家思想的根源》一书。随后葛兆光于2001年出版的《中国思想史》三卷本皇皇巨著中则用这一分析模式对中国传统思想发展历史进行了重新审视和全新解读,值得一读。

[7] 明实录 [M]. 上海:上海书店出版社,1984;2007—2008.

[8] 在况钟《遵旨辨明诬陷奏》记载了他人对于况钟购买官船的控诉,况钟承认自己做得不够妥当,请朝廷给予处分。详见吴奈夫、张道贵、丁凤麟校点:《况太守集》,江苏人民出版社1983年版,第121—123页。

[9] 吴奈夫,张道贵,丁凤麟校点. 况太守集 [M]. 南京:江苏人民出版社,1983;33.

[10] 在况钟《遵旨辨明诬陷奏》记载了况钟承认送给宦官来福轿子一座及招待钦差太监洪保之事。详见吴奈夫、张道贵、丁凤麟校点:《况太守集》,江苏人民出版社1983年版,第121-123页。蒋星煜在《况钟》(上海人民出版社1981年版)一书中考证了况钟与宦官存在一定程度的合作关系。

[11] 吴奈夫,张道贵,丁凤麟校点. 况太守集 [M]. 南京:江苏人民出版社,1983;58.

[12] 吴奈夫,张道贵,丁凤麟校点. 况太守集 [M]. 南京:江苏人民出版社,1983;60.

[13] 吴奈夫,张道贵,丁凤麟校点. 况太守集 [M]. 南京:江苏人民出版社,1983;164.

[14] 以上王直、都穆及《皇明通记》所叙皆转引自周扬波、黄越:《况钟形象的历史变迁》,苏州科技大学学报(社会科学版)2021年第5期。

[15] 蒋星煜. 况钟 [M]. 上海:上海人民出版社,1981;101—102.

[16] 在况钟九世孙况廷秀修订的《况太守列传》中记载,早在宣德六年(1431年)况钟回籍丁忧时,苏城百姓思念况公,就作歌"郡中齐说使君贤,只剪轻蒲为作鞭。兵杖不烦森画戟,歌谣曾唱是青天"。已经开始用"青天"称呼况钟了。但况廷秀作为清代文人,在修订祖先史料时为了抬高其地位,可能采用了很多后世的史料,对况钟形象进行了重新加工和塑造。

[17] 陈平原. 从文人之文到学者之文:明清散文研究 [M]. 北京:三联书店,2017;50—52.

[18] 张廷玉,等. 明史(第14册) [M]. 北京:中华书局,1974;4381.

[19] 吴奈夫,张道贵,丁凤麟校点. 况太守集 [M]. 南京:江苏人民出版社,1983;163.

[20]蒋星煜. 况钟 [M]. 上海：上海人民出版社，1981：68.

[21]蒋星煜. 况钟 [M]. 上海：上海人民出版社，1981：116.

[22]周扬波，黄越. 况钟形象的历史变迁 [J]. 苏州科技大学学报（社会科学版），2021，38（05）：44—51+107.

[23]王子今. 权力的黑光 [M]. 成都：四川人民出版社，2020：259.

[24]王子今. 权力的黑光 [M]. 成都：四川人民出版社，2020：264.

[25]吴奈夫，张道贵，丁凤麟校点. 况太守集 [M]. 南京：江苏人民出版社，1983：61.

[26]吴奈夫，张道贵，丁凤麟校点. 况太守集 [M]. 南京：江苏人民出版社，1983：32.

[27]吴奈夫，张道贵，丁凤麟校点. 况太守集 [M]. 南京：江苏人民出版社，1983：42.

[28]习近平总书记论廉洁，https://baijiahao.baidu.com/s?id=1741932961143818075&wfr=spider&for=pc.

[29]何兆武. 必然与偶然 [M]. 上海：学林出版社，2020：88.

[30]马克思恩格斯选集（第2卷）[M]. 北京：人民出版社，1995：178.

[31]福柯. 知识考古学 [M]. 董树宝，译. 北京：三联书店，2021：203.

[32]毛泽东. 毛泽东选集（第1卷）[M]. 北京：人民出版社，1991：292.

[33]杨伯峻译注. 论语译注 [M]. 北京：中华书局，2012：15.

[34]习近平总书记论廉洁 [EB/OL]. (2022-08-23)[2024-04-11]https://baijiahao.baidu.com/s?id=1741932961143818075&wfr=spider&for=pc.

[35]习近平. 领导干部要带头树立八个方面的良好风气 [J]. 党建研究，2007（05）：6—8.

[36]习近平总书记论廉洁 [EB/OL]. (2022-08-23)[2024-04-11]https://baijiahao.baidu.com/s?id=1741932961143818075&wfr=spider&for=pc.

[37]吴奈夫，张道贵，丁凤麟校点. 况太守集 [M]. 南京：江苏人民出版社，1983：161.

[38]吴奈夫，张道贵，丁凤麟校点. 况太守集 [M]. 南京：江苏人民出版社，1983：161.

[39]吴奈夫，张道贵，丁凤麟校点. 况太守集 [M]. 南京：江苏人民出版社，1983：160.

[40]吴奈夫，张道贵，丁凤麟校点. 况太守集 [M]. 南京：江苏人民出版社，1983：161.

[41]陆懋德. 史学方法大纲 [M]. 北京：商务印书馆，2019：100.

[42]普列汉诺夫. 论个人在历史上的作用问题 [M]. 王荫庭，译. 北京：商务印书馆，2010：12.

恪勤尽职　廉正自守
——江苏巡抚陶澍与苏州

施伟萍[①]

【内容摘要】陶澍是清朝道光朝重臣，经世派主要代表人物，从政四十余年，为官清廉，功绩显著，尤其在任江苏巡抚期间疏浚吴淞江、浏河以泄太湖诸水；另在治理漕运、倡办海运、培养人才等方面均有贡献。立祠奉祀是封建社会祭奠先贤名宦的一种形式，陶澍在沧浪亭建的五百名贤祠，成为人们敬仰历史名贤的重要场所。今天对弘扬先贤的德行，用他们的精神激励后代，传承优秀的文化有重要意义。

【关键词】清官；陶澍；尽职廉洁；分析

清王朝嘉道年间，财政日益拮据。特别是道光年间，英国加紧输入鸦片，白银大量外流。社会矛盾越来越尖锐。有识之士为国家命运担忧，寻找一些改革的路子。陶澍就是其中的一个代表人物。

陶澍（1778—1839年）字子霖，号云汀，湖南安化县（今属湖南益阳市）

[①] 施伟萍（1962.10—），苏州人，教授，现任苏州旅游与财经高等职业技术学校文化旅游研究院常务副院长，研究方向：传统文化、旅游文化、园林文化。

人。清嘉庆七年（1802年）进士，入翰林院。历官江南道监察御史、四川川东兵备道、山西按察使、福建按察史、安徽布政使，后升任安徽巡抚、江苏巡抚，道光年间官至两江总督，辖江苏、安徽、江西三省，留下了很好的官声、政声，至今在湖南、江苏、安徽及四川一带民间，仍较广泛地流传着"清官陶澍"的故事。道光五年（1825年）至道光十年（1830年），因洪泽湖决口，漕运阻浅，陶澍调任江苏巡抚，亲自主持漕粮海运，雇沙船一千五百艘，运苏、松、常、镇、太五府州漕粮一百六十余万石至天津，为清代大规模海运漕粮之始。1832年又与巡抚林则徐治江苏水患，修浏河、白茆、练湖、孟渎等水利。1835年入觐，赐御书"印心石屋"匾额。官至宫保尚书、太子少保，道光十九年（1839）六月因劳成疾，卒于任上。

乾隆二十五年（1760年）设立江苏巡抚，专辖苏州、松江、常州、镇江四府和太仓直隶州，驻苏州府，地点在苏州姑苏区书院巷。江苏巡抚，正二品权力很大，为了避免与两江总督的冲突，同时加强对苏松两地区的管理，江苏巡抚一直留在苏州。至于两江总督，则留在了南京。所以陶澍任江苏巡抚期间主要活动在苏州，在试行海运、致力河工有诸多政绩，还修建苏州沧浪亭的五百名贤祠，居官恪勤尽职，廉正自守，被称为"晚清第一人才"。

试行海运

陶澍生于农村，他家中也以耕种为业。陶澍从小聪明过人。传说他放牛时，牛不吃草，他便把牛赶到山谷青草茂盛的地方，然后自己躲起来不让牛发现，牛便毫无顾忌了，大口大口吃起青草来，等牛吃饱了，他才把牛赶回去。他自幼奋发向上，刻苦攻读。十三岁时就以他父亲的口气撰写了这样一副春联："红芋、苞谷、兜根火，这点福老夫所享；齐家、治国、平天下，那些事小子为之。"可以看见他有志于以天下为己任。

漕粮运输与盐政、河工称为中国古代三大政。道光五年（1825年）陶澍调江苏巡抚。漕粮本来由运河水道运输，但年久失修，江南段运河已节节淤塞，水位降低，漕粮运输常常搁浅。陶澍在赴任途中，便沿途察看漕运情况。后又经过一番考察，陶澍提出了海运建议，马上得到道光皇帝的肯定。

元代、明代也曾试行过海运，但终因海盗抢劫、倭寇扰害而作罢。陶澍认为运河粮船虚耗民力，沿途官吏敲诈勒索，百姓负担沉重，海运则可以避免。他亲自筹备，不顾一些旧臣的反对，先以苏州、松江、常州、镇江四府及太仓一州的漕粮归海运。

道光六年（1826年）二月，陶澍上奏给道光一份奏折，并附一张海运图，详细描画了从上海黄浦口到天津海口的航运线路，对各段水势特点、泊船口岸、海防设施作了周到布置。得到了道光帝的获准。陶澍就行动起来了，首先广招商船，让船户载一石米即有一石价钱，完成好的船户另有奖励，中途没有官吏盘剥。其次派专人在上海监验待装上船的漕粮米色，确保漕粮经过较长时间的海运质量完好。最后筹备完毕，沙船1000多艘将首批江南漕粮运往天津，随船都派了武职大员押送，沿途水师提镇按地段派哨船兵丁，巡防护卫。同年春启运到这年夏天顺利抵达目的地。天津验米接船人员都说米的色泽光洁，比运河运输的质量好。接着又运了一批，把一年的漕粮分两批全部运完。

陶澍初试海运成功，保证了朝廷的供给，对促进海上运输、商品交易也起了一定的作用。百姓也觉得很便利，道光帝对他十分赏识，赐戴花翎。魏源也称赞漕粮海运有三利："利国、利官、利民。"从时间上看来回两趟只要三个多月，较运河一趟快数月；运费上两趟运粮160余万石，费银140余万两，平均每石不到一两，较运河的运输减少三分之一的费用。而且以商运代官运，有惠商政策，利于船户增加收入。

陶澍当时极为兴奋，他满怀信心，希望从此解决漕运积弊。第二年，他会同当时两江总督蒋攸铦上奏朝廷，请求将苏州、松江、常州、镇江、太仓的漕运永归海运。但此时朝廷纷争不一，道光帝准行海运，也不过应急而已，所以一直没有批复，海运仅实行一年又告夭折了。直到道光二十四年（1844年）运河又阻，道光不得已再次下令"复行海运"，后来才逐渐成为常规，试行海运可以说陶澍功不可没。

致力河工

河工水利也是清代三大政之一。陶澍在江苏巡抚任内致力河工，保全民生，政绩也是十分显著。江南一带河湖较多，但大雨滂沱，湖水泛滥，横溢民田，时有水患，百姓苦不堪言。

由于太湖入海水路不畅，连年发生水灾。陶澍认为太湖主要流经吴淞江及浏河、白茆河等入海，治水当以吴淞江为最重要，治吴淞又当以通海口为最重要。于是上奏准以因海运而节省下来的银子20余万两修浚吴淞江，陶澍实地勘察，因势而作，挑深挖直。道光八年（1828年）吴淞江工程竣工，陶澍乘船亲赴工地验收。沿途百姓甚为称赞。当晚，对工程十分满意的陶澍心情激动，难以入眠，诗兴大发，挥笔写下《道光戊子二月十七日吴淞江工竣放水作歌》诗："东南水利首太湖，三江分泄通尾闾。吴淞居中势尤顺，建瓴万古唯东趋。樯帆乘风行客乐，鱼龙得意争归墟。推波助澜势未已，且喜百年民患除。"道光十二年（1832年），陶澍任两江总督时，又与当时的江苏巡抚林则徐一起疏浚了浏河、白茆河，又治理了练湖（今江苏丹阳县西北）、孟渎（今江苏常州市西北），《清史稿》中肯定陶澍治水的这一政绩时说："吴中称为数十年之利。"

在治水过程中，陶澍已朦胧地萌发出较为系统的治水工程意识，他说：

"天下的水利,最大的就是江南,太湖又是江南水利最大的工程,因此江南的水利,首先是治理太湖,而治理太湖最主要的又是在其下游出海口吴淞、浏河、黄浦,太湖治理好了,百姓可以免遭水害了。"

择贤任能

陶澍任江苏巡抚期间,除了试行漕运和致力河工外,陶澍知人善任,人尽其才。《清史稿》也评价陶澍是:"见义勇为,胸无城府,用人能尽其所长。在江南治河、治漕、治盐并赖王凤生、俞德渊、姚莹、黄冕诸人之力。"

陶澍与林则徐结识后,觉得林是个难得之才,当他任两江总督时,便奏举林则徐出任江宁布政使,主持赈灾治水,旋即又被提拔为江苏巡抚。后陶澍又举荐林则徐继任两江总督,他评价林则徐"才长心细,识力十倍于臣"。林则徐与陶澍"心同道合,相得无间"。

陶澍既有识别人的眼力,又有宽容人的度量。河督张升、麟庆与陶澍政见不一,但仍能与他们共同商议、虚心恳谈。这正是由于他善于识人、容人、用人的结果。于是大批人才聚集在他周围,两淮盐运使的俞德渊也是陶澍保举的一位深得民心的好官吏。其他在陶澍周围的人才有贺长龄、梁章钜,历官江苏最久、被陶澍视为左右手的陈銮等。陶澍对属下十分礼遇,常常不耻下问,才学之士更愿与他交往。

陶澍从善如流,道光七年(1827年),重修苏州沧浪亭。苏州藏书家顾沅和十几位士绅,发起在沧浪亭中建五百名贤祠以祭祀苏州历代名人的倡议,江苏巡抚陶澍见到顾沅所藏吴中名贤画像300余幅后,对此倡议大力支持。后经顾沅等广为搜集,又得200多幅,举苏州前贤及流寓苏州的名人共500余人,绘像合祀。命孔继尧临绘,沈石钰勾摹刻石。收录人物始自春秋,止于清代，人物之多，跨越年代之长，绘制之精，镌刻之工，在清代石刻群像中尚属罕见。500名贤祠内石刻署头是"景行维贤"四字，款署：道光七年（1827年）丁亥菊月湘浦松筠书，就是陶澍所书写。意为行为光明正大，德行高尚，乃为后人仰慕的贤德之人。每一位名贤像下均刻有传赞四句，概述此人特点，靠右一行题姓名职衔，故每一画像，犹一人物小传。是年十月，又在沧浪亭与潘奕隽、吴云、石韫玉、韩崶等五人，集会咏诗，人称"五老会"。道光九年（1829年）在沧浪亭邀请嘉庆七年同科进士顾莼、朱珔、朱士彦、吴廷琛、梁章钜、卓秉恬集会，又称为"沧浪七友"。

陶澍与魏源关系更加密切，原本是世交，其渊源可追溯到陶澍与魏源祖父的交往。魏源的祖父孝立公继承祖业，家境富裕，但为人慷慨。《魏氏族谱》记载，陶澍少时家里贫寒，曾慕名前往孝立公处求助，孝立公慷慨解囊，借给陶澍本钱。后来陶澍为官，就派人备礼送还借款，孝立公却坚决不收，他说："钱财只是流通的东西，我并不是靠它来谋取厚利的，愿你们的主人做官清廉，珍爱百姓。"陶澍很受感动，此后孝立公的话他一直铭记在心。

后来魏源在科举上屡屡名落孙山，只好委屈地长期作幕僚。道光七年（1827年）魏源来到陶澍幕下，从此他如鱼得水，两人共事十四年，十分默契。陶澍对魏源甚为倚重，凡有重大事宜都与魏源商议而定，这不仅为魏源著书立说提供了良好的条件，而且也使魏源的经世思想与才干在陶澍推行的改革中大获用武之地。魏源对陶澍十分崇敬。陶澍逝世后是魏源为他撰写行状、墓志铭和神道碑。

廉正自守

陶澍以勤政廉洁著称，其座右铭是："要半文，不值半文，莫道无人知，办一事，须了一事，如此心乃安然。"封建社会官场较黑暗，贪官常见，俗语："一年清知府，十万雪花银。"而陶澍则是一个为人称道的清官，他非常强调："古人语功名，首在敦廉洁。"

陶澍是一位有才能的官吏，他在清政府的中央和地方机构均任过职，熟谙清朝典章制度，出色地处理了刑名、财政、赈灾等事务，可时时处处对自己严格要求，他根据"一日三省吾身"的古训，设立《省身日记》："每天在灯下把白天所见所闻所言所行都记录下来，到无事的时候就可拿出来翻阅，知道那天是虚度或有做错的，可以提醒自己改正。"

陶澍在江苏巡抚任上主持海运时，费用只有河运的三分之二，结余的部分用来重建了苏州的尹山桥，为民造福。史称陶澍"服官数十年，起居如寒素"。

陶澍要求为官要关心民生疾苦，他认为州县的官吏是百姓的父母官，亲近百姓，就会得到百姓拥护，天下要治理好也就容易了。陶澍很平易近人，在乡中视察，只要见乡中父老绅士，他都上前行礼慰问，他还喜欢了解风土人情、地理掌故，百姓都很亲近他。有一次陶澍治理吴淞江从吴江到嘉定，一路上父老乡亲听说陶大人经过，扶老携幼，熙熙攘攘：就像远离家门的游子回家，亲人在盼望一般，忘记了他是个父母官了，夹道相迎，场面着实让人感动。

陶澍一生简朴，从不奢靡浪费，他不仅对自己这样要求这样做。对家人、对亲属也是如此，在陶澍的影响下，他的亲属都能洁身自好。

结语

陶澍非常注意培养清官的思想和行动。他对读书人的要求很严，他提出："今日的读书人就是明日的官吏。当他还是读书人时就已不能吃苦，那么当他为官，身处在有权有势的职位时，怎么能廉洁自守呢？如果不廉又不勤那吏治就腐败，而百姓便要受害了。"陶澍提倡读书人要"劳其筋骨，饿其体肤，空乏其身"。就是要培养他们吃苦耐劳的毅力和意志，将来能胜任繁重的官吏工作。他还说读书人在读书时就如子女一般，而到入仕途做官时就如父母一般，要培养出好的官吏先得从教育入手，所以陶澍又很重视办学，在江苏三次捐款建书院。

道光十七年（1837年）陶澍六十寿辰，道光帝亲书"绥疆锡祜"匾额一面及"福""寿"字各一方，并赐铜佛、如意、朝珠、蟒袍等寿品十六种。许多官员、上大夫均吟诗作文称贺。可第二年陶澍突然中风，起居不便，只好告假，可病情一直未有好转。道光十九年（1839年）病体加重，不久卒于两江总督任上。

百姓听到陶澍去世的消息，十分悲痛。当时两淮盐商因怀念陶澍，筹集巨款四万两银子赠给他夫人黄德芳，可陶澍夫人对他们说："夫子活着时无所亏欠，死了以后也要无所歉意。"婉言谢绝了这笔厚赠。陶澍的灵柩由妻儿护送回湖南安化小淹安葬。朝廷赠太子太保官衔，谥号"文毅"。后来左宗棠为陶澍建祠，亲自写楹联赞颂。

陶澍一生主政廉洁，匡时济世，颇有建树。他一生从政，名高位重，是一位值得肯定的廉洁的历史人物。任江苏巡抚的六年中在苏州留下诸多惠政，得到百姓的认可，也让苏州的百姓记住了这位清官的名字。

参考文献

[1] 陈浦清. 陶澍传 [M]. 湖南长沙：岳麓书社出版，2011.

[2] 赵尔巽等撰. 二十四史·清史稿 [M]. 北京：中华书局，1998.

[3] 萧致治. 林则徐和陶澍在江苏 [J]. 江海学刊，2004 (03)：14—21.

[4] 陈蒲清. 陶澍论 [J]. 湖南城市学院学报，2009，30 (02)：41—46.

况钟教化思想中的廉而有为要素研究

杨德兴[①]　杨悦艺[②]

【内容摘要】明朝一代廉吏况钟连任苏州知府13年，他重振府学、举荐人才、以教化民，政绩卓著。况钟教化思想中廉而有为要素通过诸多具体的事例得以呈现，其教化思想的形成是当时社会环境、家庭教育和个人自律综合作用的结果。剖析这些廉而有为要素对于新时代实现法治和德治互融互促、涵养良好家风、保持慎独慎微的修养本色，具有积极的时代价值和借鉴意义。

【关键词】况钟；教化思想；廉而有为；民本至上；德法并举

一、前言

况钟（1383—1442年），字伯律，号龙冈，江西南昌府靖安县富仁乡龙

基金项目：2023年度江苏高校哲学社会科学研究重大项目（学科：思想政治教育）——"新农科背景下农业高职院校课程思政体系优化研究"（项目编号：2023SJZDSZ023）、2023年度江苏高校哲学社会科学研究一般项目——"高职院校学生心理健康教育融合思政课程研究"（项目编号：2023SJSZ0941）之阶段性研究成果。

① 杨德兴，男，山东沂南人，苏州农业职业技术学院，副教授，研究方向：思想政治教育与"三农"法律法规。

② 杨悦艺，女，江苏苏州人，苏州高博软件技术职业学院，助教，辅导员，研究方向：思想政治教育与英语翻译。

冈洲人。从明朝宣德五年（1430 年）七月开始，他连任苏州知府长达十三年，留下了"三离三留"的吏治佳话，被誉为"况青天"，最终积劳成疾，卒于任上。况钟是封建社会廉吏的典型代表，其政德主张集中体现在他治理苏州的担当作为，兴办学校是主要政绩之一，他的教化思想蕴含着宝贵的廉而有为要素，值得研究和借鉴。

（一）核心概念界定

中国古代教化思想源远流长，博大精深，是中华传统文化的重要组成部分。教化是古代教育的本质特征，教化思想是儒家思想的精华。从孔子的"先富后教"到孟子的"善政得民财，善教得民心"，无不体现出教化"以教化民""以教道民"的作用[1]。教化可以从信仰、人性与政治三个层面去界定，综合运用思想宣传、奖善惩恶、自我修养等方法，提倡儒家的礼义道德和基本社会规范，达到国家治理和社会稳定的目的[2]。作为一种治国方略，古代教化的对象涵盖各个社会阶层，教化活动的承担者主要是学校师长、地方官员和绅士[3]。

廉而有为是中国历代官员为政之道的行为准则和价值尺度。从三皇五帝时期的廉政思想萌芽，到西周时期官吏考核的"六廉"标准[4]，从北宋苏轼的"六事廉为本"，到包拯的"犯赃除籍"，从明太祖朱元璋严厉惩治赃官，到海瑞毫不纵容贪墨，经过历朝历代的历史沿革，中国逐步形成以"六廉"为核心的廉政教育体系，体现了历代官吏考核以廉为本、以德为先的特点。

（二）相关研究概述

兴修府学、培养人才被列为况钟的六大政绩之一。目前，关于况钟的研究主要围绕其治理苏州的成就和个人德能而展开，关于其教化思想的研究文献和研究成果，重点集中在三个方面。一是相关历史资料的记载，囿于这类史料形成的历史年代和文言文本身特点，相关内容着墨不多且概括性强。二是通过梳理况钟治苏的历史功绩和为官之道，对以况钟为代表的廉吏群体进行心灵解读，附带论及他在教育方面的贡献。三是从有关公案、况钟所写奏疏、诗文和有关对他评价的文艺作品中分析其政德文化思想[5]。总体来看，针对况钟教化思想的研究成果略显不足，特别是对其教化思想中蕴含的廉而有为要素、形成原因和时代价值的研究有待深化和拓展。

（三）本文研究目的

本文通过梳理况钟为治理苏州而亲力亲为、善作善为、敢作敢为的具体案例，挖掘况钟教化思想中的安民惠民、平等观念和系统教化等核心理念和人文精神，归纳其教化思想的成因和对苏州地区教育发展的突出贡献，师古而不泥古，取其精华而鉴今，从中汲取廉政力量，运用历史智慧，为推进廉洁文化建设提供有益借鉴。

二、况钟教化思想中廉而有为要素的事例呈现

况钟任苏州知府后，便不遗余力地深入民间，夙兴夜寐，访贫问苦，"凡军民利病，知无不言，言无不听"。他严惩贪污、整顿吏治、减免赋税、与民休息，兴修水利、劝课农桑，设"济农仓"、赈贷饥民，平反冤狱、打击强暴，兴修府学、重视人才[6]。《明史·况钟传》称其"刚正廉洁，孜孜爱民，前后守苏者莫能及"。他重振苏州府学，不拘一格举荐人才，注重德刑并用，系统教化，"功在学宫甚巨"。

（一）亲力亲为，重振府学

况钟到苏州上任之时，苏州是当时"天下第一繁剧难治"，百废待举，他倾注了极大精力，集中更大财力，扩修学校，振兴教育，这构成他治苏的主要政绩，在苏州地区教育史上具有一定的地位[7]。

亲临现场考察，遴选府学新址。他先在吴县试点新建校舍，后又历时三年扩建苏州府学。苏州府学素有"吴学甲东南"之说，最早由北宋范仲淹创建。况钟到苏州任职时，不少房舍已经破旧，且苏州府所属各县的学校地势低洼、地段不好。宣德七年（1432年），况钟邀请巡抚周忱，亲临现场查看吴县县衙门西南的空地，遴选出面积更大、光线好的地段，作为儒学的新建地址。这一年四月，苏州连降暴雨，七千多顷良田被淹，大片房屋和堤岸倒塌。因遇水灾，学校重建工程延期。宣德九年（1434年）冬天正式动工，至宣德十年夏，仅半年即告竣工，体现出况钟做事果敢干练、务实高效的风格。新建儒学规模很大，共有二百三十多间，这为苏州生员读书求学创造了有利的条件[8]。

带头捐资助学，减轻百姓负担。况钟积极筹款，先是带头捐出自己的俸禄，完善学校的基础设施。他把苏州府济农仓历年积存的五十余万条苇席收集起来，折合的钱钞足以购米五千石，修建校舍所需要的费用就用这笔钱支付。据说他还增拨了一些土地作为学田，以扩大学校的经费来源[9]。这样，他在为民办好事、实事的同时，并没有增加老百姓的负担。

反对因人废言，重视教材建设。况钟很关心苏州府的儒学教材编印，他组织刻印的明宣德儒学刻本《四书详说》，对后世产生了一定影响力。他广开言路，力排众议，组织刻印了东汉著名的经学家马融所著《忠经》，旨在通过宣传忠、孝，劝导世人向上向善[10]，实现开化民智、化民成俗、升华心灵的教化目标。

（二）善作善为，举荐人才

况钟以德选人，礼贤下士，对贫苦好学的读书人给予接济。他"不以科目起家，而爱贤礼士，虚衷下问。闻有言及百姓利弊者，立即施行"[11]，赢得了后人的尊敬。

坚持标准，任人唯贤。况钟注重选拔有为有守的人员。经他向朝廷全力举荐的儒生邹亮，后成为"景泰十才子"之一。《明史·况钟传》记载："有邹亮者，献诗于钟，钟欲荐之。或为匿名书毁亮。钟曰：'是欲我速成亮名耳'。立奏之朝。召授吏刑二部司务，迁御史。"[12]他在推选儒生邹亮《保荐儒生奏》写道："本府长洲县儒学生员邹亮，年三十一岁，才性通敏，德行无亏，文词丰赡，书法亦佳。屡试高等，为士林所推服；恪守卧碑，从无过犯，实为出众之才。"[13]陶继、蒲嗣宗等四人，也和邹亮一样，受到况钟的推荐和关怀。为推荐良师，教育人才，他所呈递的《保荐教授奏》称："（苏州府）前任教授李琦先年在任，训迪有方，科贡数多，欲行保举再任，传经守业，成就后学便益。"[14]可见，况钟选人用人以德才兼备、百姓公认为标准。以"贤劳"著称的况钟，被越级提拔为正四品的仪制司郎中后，明仁宗朱高炽曾令五品以上的京官推荐人才。在其他官员都推荐地方官的情况下，况钟却推荐了同乡人京官左中允张宗琏。张宗琏因为贤能，后被提升为南京大理寺丞[15]。况钟知人善任，举荐人才，给朱高炽留下了很好的印象。

平等待人，接济贫寒。"钟虽起刀笔，然重学校，礼文儒，单门寒士多见振赡。"[16]从1435年到1437年，他连续三年先后推荐长洲县知县韩瑄任湖广武昌府知府、吴县主簿吴复升任为吴县知县、苏州府通判邵堪任苏州府通知，吴复和邵堪均在九年任满后得以提拔[17]。况钟曾出钱让因经济困难无法回原籍的刘敷回到了原籍，他还把自己的月俸拿出一部分，资助没有力量娶亲的穷书生，作为结婚的费用[18]。

倾听民意，从严考察。况钟非常注重拟提拔和培养属官的口碑。从他所写举劾官员的奏疏中可以看出，他经常引用老百姓联名状告文书的内容，并从严考察核实。常熟县主簿郭南"持身廉谨，莅政公勤"，百姓认可，他在《保升贤能邑令奏》中，"参照耆民三千余名告保主簿郭南升任知县，复查该员任内，委无参罚违碍事情，才堪牧民"[19]，便推荐郭南升任知县。为保荐吴江县知县贾忠复任，他在《为民保留邑令奏》中，援引吴江县里人们对贾忠的评价："公勤办事，善理庶务，能任繁剧，抚民有方，爱恤百姓，差役均平，到任一年，人民信服。"并"查得知县贾忠九年考满，列议黜陟，现催任内未完税粮，今告保留，缘系民情"[20]。在推荐邹亮的过程中，他同样经过察访核实后，再"理合荐举"。

（三）敢作敢为，系统教化

孔子认为："德法者，御民之具。"他把"德法"看成治国的根本，主张"德主刑辅""为政以德"，为政者要正身修己，正其德，保其民，但从不排斥法治[21]。况钟治理苏州，从励风俗、敦教化的愿望出发，注重德刑并用，一体教化。况钟把"牧民""察吏""用刑""崇德"作为治理地方的主要职责，"牧民"体现出他共同富裕的理念，通过"植德""施刑""正吏"等施政措施，实现保民安民的目标。

以德化民，移风化俗。面对苏州当时的混乱局面，他把"植德"放在第一位，以德选人用人，"尤以风俗人心为本"，注重用礼法来引导百姓。他创立了"善恶簿"，把为善之人、为恶之人的各种善行、恶习进行详细开列，奖善惩恶，重在感化，循循劝导。他告诫绅士，务必教训子弟，不使种种犯法行为，强半出自绅士之家，以玷污家门[22]。他办事精细周密，制作通关勘合簿和馆夫簿，以"防非理需求"，遏止不必要的开支和浪费。人们对其不遗余力地予以讴歌，"察察临民术，区区报国忠。农蚕歌召父，学校化文翁"，赢得了"锄奸植善想当年，轶事而今播管弦。一摺传奇十五贯，家家齐唱况青天"[23]的赞誉。

夙夜在公，维护正义。况钟注重运用法律来律己履职、治理社会。况钟认为："常谓奉公守法，乃律己之良谋，革弊除奸，实人臣之要道。盖民安，则事不劳,而办身正,则法不令而行。"在任苏州知府前,从永乐四年(1406年)被靖安县知县俞益推荐任书吏开始,况钟在其家乡靖安县做礼曹9年、礼部任职15年。长期的基层历练和京官履历,使他对典章礼仪和法律制度的理解和适用更为谙熟。在到任苏州知府的八个月中,他精白一心,勤劳旦夕,清理了其前任积压的1500多个案件[24]。

综合施策,革故鼎新。况钟重视构建教化体系,多管齐下,击锄豪强,周穷恤匮,打好社会治理的组合拳。通过立条谕榜示,劝善惩恶。在《严革诸弊榜示》:"有僚属官吏酷虐贪污害民者,擒之;阘茸不才误事者,黜之;事有便于民者,兴之;弊有害于民者,除之;徭役困苦者,苏之;词讼冤枉者,直之;生理不务者,禁之;狡猾不仁者,斥之;凶暴狠恶者,摧之;鳏寡孤独者,抚之。"[25]他提倡勤俭节俭,以防不足;定婚丧之制,反对奢侈;禁止赌博、宿娼、酗酒,以杜绝社会恶习,收到了一定效果。况钟还主持修建了宝带桥、觅渡桥、吴门桥,助建了虎丘塔,重修了范公祠,在保存名胜古迹、完善城市设施等方面作出了贡献。况钟在苏州十三年,他"兴利除害,不遗余力。锄豪强,植良善,民奉之若神",发展了经济,大大减轻了人们的负担。

三、况钟教化思想中廉能有为要素的成因分析

况钟是古代贤官廉吏的典型代表,他为国尽力,为民操劳,在郡县治理、民生保障、彰善化民等方面功勋卓越,政德润苏。这离不开当时相对清明的社会环境,得益于其出色的家庭教育,来源于儒家文化的滋养。况钟见贤思齐,克己奉公,注意汲取"为政以德""民为邦本""明德慎罚""敬天保民""天人合一""贵和尚中"等中华优秀传统文化的丰富营养。在况钟三十七年的为

官生涯中,经历明成祖朱棣、仁宗朱高炽、宣宗朱瞻基和英宗朱祁镇四朝,他采取了一系列举措,得到四代皇帝和朝中杨士奇、周忱等重臣的大力支持,可以大力施展自己的抱负。

(一)澄清吏治,崇文重教

作为治国理政的重要手段,吏治关乎政治得失、民心向背、民族兴衰,贯穿中华民族五千年的文明史。明朝初期,政治相对清明,朝廷重视教育,实行"三途并用"人事制度,严格考核官吏,人才的发掘、培养和提拔取得了显著成绩。

励精图治,社会稳定。为维护封建帝制,明初朱元璋、朱棣等封建帝王固然因其诛杀过当,表现出专制统治的一面,但同时也注意汲取前朝整个社会失于教化的教训,苦心经营,社会较为安定。朱元璋在位31年,休养生息,惩治贪官污吏,社会生产逐步恢复和发展,史称"洪武之治"。朱棣在位22年,注意提拔人才。况钟任礼部仪制司主事期间,先后受到朱棣31次嘉奖。朱高炽和朱瞻基当政期间,被誉为"仁宣之治"。朱高炽注意减轻百姓负担,"在位仅十月,而政具举"。朱瞻基当政10年,勤政恤民,他在给况钟的敕书中写道:"国家之政,首在安民。安民之方,先择守令。……必使其衣食有资,礼仪有教;而察其休戚,均其徭役,兴利除弊,一顺民情。"[26]这些举措,在稳定明朝统治方面起到了一定的积极作用。

三途并用,严格考课。明朝立国之初,重视兴学是当时朝廷面对的又一重务、急务,洪武四年(1371年)开始恢复科举考试。科举与荐举并存,实行进士、科贡和吏员"三途并用"的官吏选拔制度。学校、科举和吏制三位一体,教育、科目的内容,以《四书》《五经》为主。况钟从一名书吏一步步擢升为朝廷大员,本身就是三途并用政策的受益者,曾任内阁首辅的杨士奇也是出身儒生。建文、永乐以后,科举日益成为明朝的主要选士制度。

朱元璋确立了"治国之要，教化为先；教化之道，学校为本"文教政策。明初继续沿用元末顺帝新政时所形成的"六事课守令"官员考课制度[27]，对官员、吏员采用同样的严格考绩制度。洪武五年，朱元璋曾下诏："农桑衣食之本，学校理道之原。朕尝设置有司，颁降条章，敦笃教化，务欲使民丰衣足食，理道畅焉。何有司不遵朕命？秩满赴京者，往往不书农桑之务，学校之教，甚违朕意，特敕中书令有司今后考课必书农桑学校之绩，违者降罚。"由此可见，明初把"学校农桑之绩"，即在兴办学校、培养人才和农业生产方面是否有实绩，作为考核官吏政绩的准则和依据。违背六事者，都被明太祖斥为不称职，甚至直接责罚降黜。如洪武九年山东日照县知县马亮考满，因为课农兴学之绩不佳，被朱元璋直接黜降，以儆效尤[28]。

广设学校，培育人才。明初建成了从中央的国子监，到地方的府、州、县学，再到乡村社学的学校体系，学制完备。朱元璋曾先后两次（元顺帝至正二十五年、洪武十四年）改建国子学，洪武十五年（1382年）又改国子学为国子监，成为全国青年人才集中的场所。校舍规模宏大，学生宿舍近2000间，学生最多的时候，数量近万人。明朝从洪武二年（1369年）开始建地方学校，洪武八年（1375年）设立社学乡村小学[29]。这样，从京师到郡县以至乡村，各地普遍建立学校，形成了学校网络系统，学校教育普及，教育事业的发展，"比历史上任何一代都发达"[30]。

（二）传承家风，奉孝守德

况钟家族重视家庭教育，谨守家法家规，从严持家，家教有方，体现出孝悌忠信、礼义廉耻的荣辱观念。

严格家教，勤俭持家。况钟的父亲黄仲谦（黄仲谦六岁时，被邻居黄胜祖收养为儿子，改姓黄，名黄仲谦）一生耕读为生，家教敦厚，家庭和睦。况钟到礼部任职时，其父亲拨出六亩田产的收入作为赴京任官远行的路费，如此耳提面命、严格约束，对况钟成长产生了极为重要的影响。况钟的发妻熊氏则将嫁奁置换盘缠，补贴其在京生活费用[31]。况钟深受家庭影响，重视乡情亲情，清廉自守。

况钟的父亲黄仲谦，直到病危临终时，才对两个儿子留下遗嘱，要大儿子黄钟恢复原姓，二儿子黄镛延续黄家后代，以报答养育之恩。黄钟始终铭记父亲的遗嘱，从未稍忘。黄钟奏准复姓时已经四十七岁了，至此才改称况钟[32]。家风家教，耳濡目染，况钟从父亲那里继承了忠孝仁义的优良品格。

事上敬下，耕读传家。况钟居家，教导儿孙认真读书，对晚辈要求非常严格。他曾作诗告诫诸子道："虽无经济才，尚守清白节。……非财不可取，勤俭用无竭。非言不可道，处默无祸孽。临下必简严，事上务和悦。持心思敬谨，遇事毋灭裂。"他又作《勉子侄诗》道："存心立品贵无差，子孝臣忠两尽嘉。……膏腴竟作儿孙累，珠玉还为妻女瑕。师俭古箴传肖者，取之不竭用无涯。"[33]从这些诗文可以看出，况钟从为学、为人、为官、处世等各个方面，要求后辈珍惜光阴，饱读圣哲之书，忠君爱国，谨慎行事。

（三）修身律己，恪守清廉

况钟一生秉持"执政以廉为本，为官以勤为先"。况钟的教化思想深受儒家"以德治国""有耻且格"思想的熏陶。他主张弘扬人性中善的一面，通过道德教化下唤醒官吏的人格自觉，官吏才能树立应有的为官品格，行事才能有所顾忌，不贪赃枉法[34]。

政事公勤，为民谋福。明初统治者崇儒尊经，唯程朱理学独尊，程朱理学成为明朝的官学。受苏南文化底蕴的影响，明清时期的官员，很看重儒学素养，"以经术饰吏事""以儒术饰吏事"，强调以儒家仁政理念临民理事，征收赋税重在劝谕化导，以较为平和的方式处理与地方士绅民众的关系[35]。况钟深受儒家文化的影响，他视国事如家事，视民事如己事，"公能文章，工书法，奏疏、榜谕、谳狱皆出亲裁"【36】"事不便民者，立上书言之"。

效法先贤，俭约律己。况钟以先贤为榜样，成为后人的榜样，为官的楷模。北宋范仲淹，曾做过苏州知州，其先忧后乐的高尚节操，对后世影响深远。况钟深受先贤往圣嘉言善行的感召和鼓舞，他在《谒范文正公祠》中写道："仰止范文正，宋朝第一人。"他认为"惟能思古道，方与兽禽别。国家彰宪典，圣言良谆切"，并以前辈范仲淹等古圣先贤为榜样，个人严于律己，恪守清廉之本。况钟治苏期间，将自己的书房取名"退思斋"，自述沿袭"古贤守闭阁思过"之义【37】。他坚持"日三省吾身"，三餐佐饭，仅一荤一素，如同寻常百姓家。

四、况钟教化思想中廉能有为要素的时代价值

况钟是封建社会的一名官吏，在当时的历史条件下，他的所作所为，一方面，本质上是为封建朝廷服务，维护封建制度；另一方面，客观上符合人民的愿望，有利于老百姓的休养生息和社会经济的稳定和发展。因此，对其教化思想要秉持客观、科学、礼敬的态度，扬弃继承、转化创新，不断赋予新的时代内涵。况钟为官清廉，勤政爱民，深得后世敬仰。汲取中国古代吏治和教育思想的智慧，对推进国家治理现代化、建设廉洁家庭、实现道德修养上的自治，仍有启迪和借鉴意义。

（一）坚持以德为本，德法两手并举

古往今来，德法并用的治国思想对国家治理产生了积极有效的作用。法律是成文的道德，道德是内心的法律。法安天下，国无法不治；德润人心，国无德不兴。法律和道德是现代国家治理不可或缺的两种重要手段。

习近平总书记指出："要坚持依法治国和以德治国相结合，实现法治和德治相辅相成、相得益彰。"因此，要坚持以德为本、以法为纲，把道德规范与法律规范有效衔接，将法治思想融会贯通于道德教化，大力培育和弘扬社会主义核心价值观，实现法律的规范作用和道德的教化作用同向同行、形成合力，助推中国的法治现代化和治理现代化。

为政以德，为官之道，德在其首。要时时汲取古代先贤立德立功立言之道，明大德、守公德、严私德。我们党领导的中国式现代化，人民既是价值原点，又是实践落点。当下，老百姓期盼有更好的教育、更稳定的工作、更满意的收入、更可靠的社会保障、更高水平的医疗卫生服务、更舒适的居住条件、更优美的环境。广大党员特别领导干部是人民的公仆，坚持立党为公，执政为民，为官一任，造福一方。要对"国之大者"做到心中有数，紧扣人民群众对美好生活的向往，牢牢把握高质量发展是全面建设社会主义现代化国家的首要任务，实干笃行，马上就办，解决好人民"急难愁盼"问题，让老百姓过上好日子。

（二）坚持以廉为贵，涵养良好家风

中华民族自古以来就有建设优良家风的传统，清风传家源远流长。家是最小国，国是千万家。家庭是社会细胞，是幸福生活的港湾，也是反腐倡廉的重要防线。家风是一个家庭的精神内核，好家风是最珍贵的传家宝，也是幸福生活的原动力。要传承、接续好良好家风，并不断发扬光大。

国以家为基，家以廉为贵，家风清明则家道昌盛、国家兴盛。领导干部要以身作则，不断提升自身道德修养，在主题教育中接受革命性锻造和精神洗礼，筑牢秉公用权和廉洁从政的思想根基。严格个人重大事项报告制度，管好配偶子女及身边工作人员，堂堂正正做人，清清白白做事。推动廉洁家风建设走深走实，探索推进文明家庭创建，以廉洁家风涵养干部新风，为营

造风清气正政治生态和良好发展环境提供坚强的家庭保障。

(三)坚持以文化人,慎独慎初慎微

况钟自幼勤奋好学,酷爱读书,学习历代先贤的品德,汲取中华优秀传统文化中的精华,正心修身,克己奉公。党员干部要"不忘初心,继续前行",恪守人民至上的为政理念,始终牢记全心全意为人民服务的宗旨,保持慎独的修养本色,涵养廉洁文化,守住为政之本。

道德是一种特殊的规范调节方式,内在需要从内及外、推己及人,在道德教化中实现知识内化为德性、德性外化成德行,以期实现个人的成德与成人,实现整个社会的和谐融洽。只有实现了自身道德修养上的自治才能筑牢思想之基,真正安下心来参与到国家的现代化治理[38]。要严以律己、高度自律,时刻保持清醒和警惕,始终不放纵、不越轨、不逾矩,增强拒腐防变的免疫力。要牢记"堤溃蚁孔,气泄针芒"的古训,坚持从群众关切的小事上加强修养,在日常点滴中完善自己,见微知著、防微杜渐,耐得住寂寞、守得住清贫、管得住小节。推行廉洁风险备案,做好澄清正名工作,在遵规守纪前提下激励党员特别是干部敢为、敢闯、敢干、敢首创。

五、余论

中国古代教育思想中"天行健,君子以自强不息"的精神境界、"为天地立心,为生民立命"的培养目标、"有教无类、因材施教"的教育方法,是况钟教化思想的重要渊源,是古代廉吏为官理念和从政实践的生动写照。况钟为政以德,体现着精忠报国、惠民利民的家国情怀,崇德向善、见贤思齐的社会风尚,孝悌忠信、礼义廉耻的荣辱观念,扶危济困、孝老爱亲等中华传统美德,文以载道、以文化人的教化思想,严于律己、俭约自守的生活理念等人文精神。况钟的教化思想蕴含着系统教育、协同育人的思想火花。

  中华优秀传统文化，是以中国式现代化全面推进中华民族伟大复兴新征程上的传家之宝、传承基因。党的二十大提出了教育、科技、人才"三位一体"协同发展的"大教育观"，明确了十种教育类型和六大实施途径。深刻领悟中华优秀传统文化，发掘和弘扬"以民为本""系统教化"思想的当代价值，有助于实现民本思想、教化思想在新时代的创造性转化、创新性发展，有助于落地落细落实立德树人根本任务，实现教育公平和学生全面成长成才，从而更加自觉担负起新的文化使命，培养担当民族复兴大任的时代新人，建设中华民族现代文明。

参考文献

[1] 姜竹青．中国汉代思想政治教育的教化形态研究 [D]．东北师范大学，2019．

[2] 王炜．董仲舒教化思想探析 [D]．山东师范大学，2023．

[3] 于壮源．从教育到教化：思想政治教育发展的新视野 [D]．吉林大学，2015．

[4] 西周时期，朝廷设小宰一职。《周礼·小宰》叙述小宰的职责："以听官府之六计，弊群吏之治。一曰廉善，二曰廉能，三曰廉敬，四曰廉正，五曰廉法，六曰廉辨。""善、能、敬、正、法、辩"，是周朝统治者对官吏提出的六种品格要求。

[5] 王敏杰．解读况钟诗文的政德文化思想 [J]．名作欣赏，2021 (36)：9—10．

[6] 廖志豪．况钟与周忱 [M]．北京：中华书局，1982：20-21．

[7] 阮廷贵．略论况钟治苏的特点 [J]．铁道师院学报，1992 (01)：52—57．

[8] 蒋星煜．况钟 [M]．上海：上海人民出版社，1981：61．

[9] 廖志豪．况钟与周忱 [M]．北京：中华书局，1982：20．

[10] 蒋星煜．况钟 [M]．上海：上海人民出版社，1981：61—62．

[11] 吴奈夫，张道贵，丁凤麟点校．况太守集 [M]．南京：江苏人民出版社，1983：7．

[12] 明史卷一百六十一，列传第四十九．

[13] 吴奈夫，张道贵，丁凤麟点校．况太守集 [M]．南京：江苏人民出版社，1983：11．

[14] 吴奈夫，张道贵 丁凤麟点校．况太守集 [M]．南京：江苏人民出版社，1983：110．

[15] 蒋星煜．况钟 [M]．上海：上海人民出版社，1981：20．

[16]《明史》卷一百六十一，列传第四十九；张廷玉等奉敕纂．清乾隆时期武英殿刊本．

[17] 蒋星煜. 况钟 [M]. 上海：上海人民出版社, 1981：66—67.

[18] 蒋星煜. 况钟 [M]. 上海：上海人民出版社, 1981：61.

[19] 吴奈夫, 张道贵, 丁凤麟校点. 况太守集 [M]. 南京：江苏人民出版社, 1983：116.

[20] 吴奈夫, 张道贵, 丁凤麟校点. 况太守集 [M]. 南京：江苏人民出版社, 1983：111.

[21] 白冰. 论儒家政德思想在当今官德建设中的作用 [J]. 山西青年, 2017 (06)：130.

[22] 竺培升, 吴建华. 略论况钟的"兴利除弊" [J]. 淮北师范学院学报, 1989 (2)：63.

[23] 吴奈夫, 张道贵, 丁凤麟点校. 况太守集 [M]. 南京：江苏人民出版社, 1983：180—182.

[24] 舒炜. 况钟：不带江南一寸绵 [J]. 廉政瞭望（上半月）, 2017 (7)：52.

[25] 廖志豪. 况钟与周忱 [M]. 北京：中华书局, 1982：21.

[26] 蒋星煜. 况钟 [M]. 上海：上海人民出版社, 1981：25.

[27] "六事"即学校兴举、农桑有成、盗贼屏息、词讼减少、赋役均平、常平得法。

[28] 黄阿明. 明初文官考核制度建立新论 [J]. 社会科学, 2019 (07)：137.

[29] 吴晗. 元初的学校 [J]. 清华学报, 1948 (01)：37—46.

[30] 毛礼瑞, 沈灌群. 中国教育通史（第三卷）[M]. 济南：山东教育出版社, 1987：391.

[31] 龚汝富. "青天"功名起刀笔——浅析明代清官况钟的为官之道 [J]. 南昌航空大学学报（社会科学版）, 2012, 14 (04)：54—63.

[32] 蒋星煜. 况钟 [M]. 上海：上海人民出版社, 1981：16—17.

[33] 吴奈夫, 张道贵, 丁凤麟点校. 况太守集 [M]. 南京：江苏人民出版社, 1983：160—161.

[34] 汪健. 况钟刑德并用的吏治之道 [J]. 群众. 2022 (24)：64.

[35] 范金民. 江苏历代贤吏为官之道 [M]. 南京：江苏人民出版社, 2021：19-21.

[36] 吴奈夫, 张道贵, 丁凤麟点校. 况太守集 [M]. 南京：江苏人民出版社, 1983：7.

[37] 蓝绍敏. 厚立从政之德——写在况公祠开馆之际 [J]. 中国纪检监察, 2020 (7)：6.

[38] 籍忍忍. 王阳明道德教化思想及其当代价值 [D]. 中共山东省委党校, 2023.